一歩進める 英語学習・研究ブックス

これで会話のテンポが激変！

すらすら話せる英語プレハブ表現317

村端五郎

JN102233

開拓社

はしがき

　本書では，英語会話を弾ませ，文法習得の足がかりとなるプレ
ハブ表現 317 を，各ページに 1 つの表現を割り振り，①具体的
にどのような場面や状況で使用されるのか（**ポイント**），②実際
にどのような英語のやり取りの中で使用されるのか（**活用例（隣
接ペア）**），③ほかにどのような関連表現があるのか（**関連表現**），
の 3 つのセクションに分けて読みやすくまとめました。

　英語で流暢にやり取り（対話）をしてみたいと思っている日本
人は少なくないでしょう。また，小学校にも教科として本格的に
英語が導入され，21 世紀を生きる子どもたちには英語でテンポ
よくやり取りができるようになってもらいたい，と願っている教
育関係者も多いことでしょう。

　そもそも日本人は，なぜ英語が苦手なのでしょうか。英語では
2019 年 4 月に初めて実施された，中学 3 年生対象の全国学力調
査の結果を見ても，「話すこと」の正答率が 30% 程度にとどまり，
会話力に課題があることがわかりました。このように依然厳しい
現状にある日本の英語教育の問題をめぐっては様々な意見がある
でしょう。しかし，著者は，日本人は**頭の中で一語一語を文法的
に組み立てて話そうとしていること**，そして，**対話の運び方をあ
まり意識しないで話そうとしていること**，この 2 つに問題の本
質があると考えています。

　英語をある程度流暢に話せる人というのは，実は，文法規則に
したがい，いつもその場で語順や語形変化を随時「加工」しなが
ら一語一語を組み立てて話しているのではありません。コミュニ
ケーションの**目的や場面・状況**に応じて慣習的に使われる「**ひと**

塊の表現」を記憶から呼び出して，多少変化を加えながら即興的に使っているのです。このようなひと塊の表現のことを「**プレハブ表現（Prefabs）**」（あたかも，規格化された部材の加工をあらかじめ工場で行い，現場作業をできるだけ効率化して建てるプレハブ住宅のような表現）と呼びます。日本語であれ英語であれ，母語話者の発話全体の 6 割から 7 割程度をこのプレハブ表現が占めているという研究報告もあるくらい，実際の言語運用では，このようにパターン化され慣習的に使用される言語表現が予想以上に多用されるのです。

　ああ，決まり文句のことですか，と思われるかもしれません。しかし，本書で紹介するプレハブ表現は，決まり文句とは多少異なる特徴をもっています。もちろん決まり文句のようにほとんど形を変えないプレハブ表現もありますが，**一部の語句をほかの語句に置き換えると多様な場面や状況で使える，より創造性の高い表現**も含まれるのです。したがって，様々なコミュニケーション場面で決まり文句のような定常的な表現から創造的な表現までをうまく使用することができれば，英語でのスモールトーク（ちょっとした話題についての軽い対話，世間話）は言うに及ばず，意見を述べて論じ合うことも流暢にできるようになります。

　一方，日本人は，英語ができないからうまく英語会話ができないという俗説があります。しかし，著者は，「**日本人は英語での対話の仕方を知らないから英語ができない**」という説を支持しています。対話の仕方というのは，平たく言えば対話をどのように運ぶのかということです。つまり，対話というのは What food do you like? などと唐突に相手に質問することから始まって，突然前触れもなく Bye. などと幕が下ろされるわけではありません。対話には，「切り出し：**対話を開く（Open）**」，「継続：**対話をつなぐ（Keep going）**」，そして「**幕引き：対話を閉じる（Close）**」

という基本構造があるのです。本書で紹介していくプレハブ表現は，このような談話（やり取り）の構成に重要な役割を果たします。例えば，やり取りの切り出し（対話を開く）では呼びかけやあいさつ表現の Hi, Momo! Hello, Ryoma! How are you? などがよく使用され，継続（対話をつなぐ）では，Really? Is that right? You know what? Can I go first? Sure. You mean tomorrow? などの相づち表現や確認のための表現などが，やり取りの幕引き（対話を閉じる）では，So, nice talking to you. Well, I have to go now. OK, talk to you later. などの幕引きの前触れ表現が，そして最後に See you. Bye. などの幕引きのプレハブ表現が使われて対話は閉じていくのです。

　これまでわが国で行われてきた英語学習や英語教育の弱点は，**学習初期段階から過度に文法依存主義**に陥ってきたこと，そして，語彙や表現をたくさん蓄積すれば，いつかは流暢に，即興的にやり取りができるようになるだろうと思い込んできたことにあるのではないでしょうか。

　近年注目を集めている，**用法基盤モデル（Usage-Based Model）の言語理論にもとづく言語習得観**というのがあります。その考え方によると，人は，具体的な場面・状況において，ひと塊の表現（プレハブ表現）を何度も聞いたり使用したりする経験を通して，**まずは形式と意味の対応づけを行って丸ごとその形式を習得します。その後，習得した形式に共通するパターンを見出すようになり，徐々にプレハブ表現を分解していって，より複雑で創造的な表現を生み出すルール（文法）**を漸進的に身につけていくと言われています。この発達過程が正しいとすれば，これまで私たちが行ってきた英語の学習や指導の過程とはずいぶん異なります。

　このように，言語習得の観点から見ても英語学習の成否の鍵を握っているのは，本書で紹介していく丸ごと表現，**慣習的なプレ**

ハブ表現なのです。本書では，このようなプレハブ表現を3つのパート，**Part I：良好な人間関係を築き維持するためのプレハブ表現**，**Part II：秩序だったやり取りや規律ある集団を維持管理するためのプレハブ表現**，**Part III：仲間と英語学習を進めるためのプレハブ表現**，に分類して317の見出し表現を紹介していきます。本書が，読者の皆さんの手許に，「**英語での流暢なやり取り**」という大きな果実が届くことの一助になれば望外の喜びです。

　なお，プレハブ表現の理論的な背景や意義，英語対話の展開方法やその指導方法，わが国や諸外国における英語教育の課題について詳しく知りたい方は，拙著『英語教育のパラダイムシフト』（松柏社）をあわせて参考にしていただきたいと思います。

　本書の執筆にあたり，お世話になった方がいます。まず，高知県香南市と同香美市，宮崎県延岡市の諸先生，とりわけ著者のプレハブ理論にいちはやく共鳴してくれた高知県香美市立大宮小学校の加藤かや教諭と宮崎県延岡市立緑ヶ丘小学校（現在は同市立東海小学校に在職）の津曲康夫教諭は，プレハブ表現の学習経験が日本人児童のやり取り能力を飛躍的に伸長させ，英語使用に対する自信の醸成にいかに効果的かを実証してくれました。このことが著者の大きな希望と勇気となり本書を執筆するきっかけとなりました。また，ゼミ生の黒木ももと山床凌真の両君は，本書の最初の読者として貴重な感想・意見を寄せてくれました。最後に，これまであまり注目されてこなかったプレハブ表現からわが国英語教育の課題にアプローチしようとする試みに目をとめ，本書の企画・製作の労をおとり下さった開拓社出版部の川田賢氏に深く感謝申し上げます。

2020 年 3 月　　著　者

本書を活用していただくにあたって

　ここでは，読者の皆さんに本書の効果的，発展的な活用にあたって留意していただきたい事柄を整理しました。1節と2節では，プレハブ表現というのは具体的にどのような表現なのかについて，その形式的特徴（タイプ）と機能的，語用的特徴を簡単に解説します。3節では本書の構成について，そして，4節では各ページの構成と本文で使用している符号等の意味や工夫点などについて解説します。

1. プレハブ表現の形式的特徴（タイプ）

　本節では，プレハブ表現にはどのようなタイプがあるのかを示します。はしがきで触れたように，プレハブ表現というのは下の1）と2）のように，まったく形を変えない定常表現だけではありません。3）から6）のタイプのように，1つ（X）あるいは2つ以上（X, Y, Z）の可変部のあるタイプもあります。

1）　**複数の語がひと塊として使用されるプレハブ表現**
Well done! / No problem! / After you. / Not really. / Me neither. / Oh, really? / Not yet. など。

2）　**1文がひと塊として使われるプレハブ表現**
How are you? / I'm proud of you. / What's the matter? / Are you OK? / Let me see. など。

3）　**句・文の一部の語（可変部）が変化して使用されるプレハブ表現**

It's X turn.（X＝my, your, Taro's など）/ What X do you like?（X＝color, food, season, animal など）/ Have a nice X.（X＝day, evening, weekend, vacation など）/ You look X today.（X＝great, happy, sad, tired など）/ Your X is Y.（X＝English, bag, smile など；Y＝great, awesome, nice など）など。

4) **句・文の一部の句**（可変部）が変化して使用されるプレハブ表現

X suits you.（X＝Your shirt, The cap, The jacket など）/ Thank you for X.（X＝the compliment, saying so, the gift, your advice, your concern など）/ Why don't you X?（X＝go first, read this, write a story about stars など）/ What's the best way to X?（X＝write a summary, learn the passage by heart など）/ May I X?（X＝ask you a question, use your pen, sit here など）/ Give X Y.（X ＝me, him, her など；Y＝a kiss, a hug, a ball, a toy など）など。

5) **文組み立て表現**が先行し後続する節（文）（可変部）が変化して使用されるプレハブ表現

I think X.（X＝Junko wants to join the tennis club too など）/ I'm sure X.（X＝Tomoe will become a teacher など）/ It looks like X.（X＝I spelled the word wrong など）/ You mean X?（X＝Goro lives in Miyazaki, Yuki is happy about it など）/ I'm afraid X.（X＝his answer is wrong など）/ Are you saying X?（X＝Toru doesn't want it, you don't agree with Kenta など）/ It seems X.（X＝ Haruka worked very hard など）/ Are you sure X?（X＝

this card comes first など) / The point is X. (X = we should do 4Rs to save the earth, Tomoe doesn't know where to go など) など。なお，The point is X. の X の内部においても，Y doesn't know Z. (Y = Tomoe, John, they など；Z = where to go, what to do, when to leave など) のように複数の可変部が存在する場合もあります。

6) **先行する節（文）（可変部）が変化して文末（一部文中）で使用されるプレハブ表現**

X, I mean. (X = Junko loves bananas など) / X, I mean, Y, Z. (X = Sunday; Y = Saturday; Z = Tomoe came back to Japan など) / X, you mean. (X = Mr. Sato didn't like teaching など) / X, if you don't mind. (X = I want to use your ruler など) / X, if any. (X = Please ask me questions など) / X, if you like. (X = You may go first, You can be the presenter など) / X, if you want. (X = I'll help you, I can show you how など) / X, I hope. (X = Tomoe will come back to Japan soon など) / X, I wonder. (X = It will rain tomorrow など) / X, I think. (X = Daisuke's opinion is great など) / X, if you please. (X = Come this way など) など。

3) から 6) のタイプは，可変部に様々な語や句や節（文）を代入して使用されることから，より創造性の高いプレハブ表現と言えます。なお，言語習得過程の観点から見れば，1) から 3) のタイプは初級段階の人に，4) から 6) のタイプは中級以降の人に適していると言えるでしょう。

　3 節で詳しく述べますが，本書は 3 つのパート（I・II・III）で構成されています。Part I には主に 1) と 2) のタイプのプレハ

ブ表現を，Part I の後半部から Part II と Part III には 3) から 6) のタイプのプレハブ表現を多数収載しています。

2. プレハブ表現の機能的，語用的特徴

プレハブ表現には，次の 6 つの機能的，語用的な特徴があります。

1) 具体的な場面や状況

プレハブ表現は，Nice to meet you.（初対面の人に出会った場面），Don't worry.（相手が落ち込んでいる場面），Let's get started.（何かを始めようとする場面）など，具体的な場面・状況に埋め込まれているため，形式と意味（機能）の対応関係が明確で記憶に残り易く，記憶の取り出しも容易です。

2) 隣接ペア

プレハブ表現は，

A: Thank you.（感謝）

B: You're welcome.（受容）

のように，対話の基本単位となる隣接ペア（「問い―返答」，「あいさつ―あいさつ」，「申し出―受諾」，「依頼―拒否」のように隣接する一対の表現から構成されるもの）で使用されることが多いので互いに相手の発話を予測するのが容易です。

3) 認知処理の負担

プレハブ表現は，Can I ask you a question? Do I understand you correctly? I see what you mean. など，数語からなる表現がまるで一語のように，ひと塊として処理さ

れるので認知的負担が小さく，学習初期段階にある人にとっては学習が容易です。

4) **流暢さ**

プレハブ表現は，What's up? What's the matter? Let me see. などのように，1つの音連続として表現されるので円滑な言語運用を可能にします。その結果，発話に流暢さをもたらします。

5) **自信の醸成**

プレハブ表現は，文法に依存してその都度分析的に組み立てられるものではなく，全体的なひと塊として，すらすらと運用されるので，自分は英語をうまく使えているという自己有能感が芽生え，その結果，英語でのやり取りに自信が持てるようになります。

6) **やり取りの構成**

はしがきでも述べたように，プレハブ表現は，「切り出し・継続・幕引き」という対話の各場面で重要な役割を果たします。英語でのコミュニケーション活動の際に，2人が出会っていきなり，

A: What food do you like?

B: I like sushi.

という対話をしている場面に遭遇することがよくあります。まるで警察署で行われるやり取りのようです。著者は，このようなやり取りのことを「尋問型対話」と呼んでいます。このような不自然な対話から脱却するためには，対話の各場面を構成するプレハブ表現を身につけていく必要があります。

以上，プレハブ表現の形式的特徴（タイプ）と機能的，語用的な特徴を紹介しました。これらを念頭に本書のプレハブ表現を活用していただきたいと思います。

3. 本書の構成

本書は，次の3つのパートで構成されています。

Part I:　　良好な人間関係を築き維持するためのプレハブ表現
Part II:　　秩序だったやり取りと規律ある集団を維持管理するためのプレハブ表現
Part III:　　仲間と英語学習を進めるためのプレハブ表現

Part I では，コミュニケーション活動の基盤となる良好な人間関係を築き上げ，維持していくためのプレハブ表現を取り上げます。人間関係の希薄な状況ではコミュニケーション活動は決してスムーズには運びません。また，日本語と英語とでは人間関係の築き方も若干異なります。「察し」に依存する日本語文化と「言語化（達し）」を重視する英語文化の違いがもたらす語用の違いと言ってもよいでしょう。このパートでは，主に「**あいさつする，呼びかける，ほめる，感謝する，心配する，謝罪する，激励する，同情する，気遣う**」などの機能を担うプレハブ表現を紹介します。

次の Part II では，英語でのやり取りが秩序をもってスムーズに運ぶように維持管理するためのプレハブ表現を紹介します。英語でのやり取りは決して無秩序に運ぶものではなく，参加者相互の協力の下で対話の順番を決めたり，誰かに発言を促したりするなど，様々な言葉かけを通して維持管理されています。また，対話が展開する集団自体も規律ある集団でなければなりません。したがって，このパートでは，「**告げる，許可を求める，知らせる，申し出る，忠告する，注意する，確認する，要求する**」などの機

能で使用されるプレハブ表現を紹介します。

　そして最後の Part III では，仲間と一緒に英語を聞いたり話したり読んだり書いたり，練習問題をやったり，意見を述べあったり，「英語を使って英語を学習する」場面で活用できるプレハブ表現を取り上げます。日本のように英語を生活言語としない外国語環境にあっては，英語を使用する機会をいかに増やしていくかが大きな課題です。日本語使用を完全に排除する必要はないものの，英語で学習できる部分があるとすれば，積極的に英語を使っていかなければ，いつまでたっても日本人の英語力は改善しないのではないでしょうか。このパートでは，「**質問する，聞き返す，訂正する，意見を求める，反対意見を述べる，理解の状況を確認する**」などの機能を果たすプレハブ表現を収載しています。

　このように本書ではプレハブ表現を 3 つのパートに分類しましたが，ほかのパートに分類したほうがよいプレハブ表現があるかもしれません。また，どちらのパートに分類してもよいプレハブ表現もあるかもしれません。さらに，網羅的に収載したものではないので，よく使われる表現をうっかり見落としている可能性もあります。あくまでも著者の思いつく範囲で選択し，便宜的，暫定的に 3 つに分類しました。読者の皆さんのご判断により，別のパートに移動したり，新たなプレハブ表現を加えたりして活用していただければ幸いです。

4.　凡例等

1)　「ポイント」の解説

　先にも述べたように，プレハブ表現の特徴は，表現（形式）と意味・目的・機能の対応関係が明確であるということです。つまり，各表現（形式）は，どのような状況（グループやペアでの活動，発表，仲間とのやり取り，教師とのやり取り，読み取り活動

など）で，どのような目的（感謝する，ほめる，依頼する，謝罪する，行動を促すなど）で使用されるのか，ある程度決まっているということです。

　そのため本書では，それぞれの見出し表現が，どのような場面や状況で，どのような目的や働き，機能をもって使用されるのかを簡潔に「**ポイント**」のセクションに記載しました。

2）「活用例」における記号等

　このセクションでは，各見出し表現が実際どのような状況で使用されるのかを極力「隣接ペア」の形で紹介しました。隣接ペアは，A: I'm sorry. B: Don't worry. のように，文字通りに隣接して表現される場合や，以下のように，

B:　Excuse me. *How many chunks are there in this sentence?*
A:　In which sentence?（どの文のこと？）
B:　Here.【指差して】
A:　*OK … I think there are three in here.*

別の隣接ペアが入れ子状態になっているため，ペアとなる表現（イタリックの表現）が離れている場合もあります。さらに，以下のように，1つのプレハブ表現（Thank you.）に対して，前後の表現（Here you are. と You're welcome.）がその対表現となっている場合もあります。

A:　*Here you are.*【友だちにプリントを手渡しながら】
B:　*Thank you.*
A:　*You're welcome.*（どういたしまして）

　また，はしがきで述べましたが，対話には「開く・つなぐ・閉じる」という基本構造があります。活用例のセクションでは，極

力そのような構造を意識して自然な対話になるように努めましたが，紙幅の都合でどうしても十分な形で対話を紹介することはできませんでした。

　なお，このセクションでは，以下の例にあるように，（　）で日本語の意味を，【　】でト書きや註釈等を，また，発話中の [　] は発音を，直後の {　} はその語の綴りをそれぞれ示しています。

A:　It's getting colder. （寒くなってきたね）

B:　*It's going to snow tomorrow.* （明日は雪が降りそうだね）

A:　*I think so, too.*

B:　Winter is coming. （冬が近づいてきているね）

A:　Sure, it is.

B:　*Here you are.*【友だちにプリントを手渡しながら】

A:　*Thank you.*

B:　*You're welcome.*

A:　*Are you through?*【97 関連表現】

B:　*Yes.* What should I do next?

A:　Well, help me draw this, please.【227 関連表現】

B:　All right.

A:　Excuse me, Maruko. *How do you say this word?*

B:　*Umm … [faund] {found}.* Got it?

A:　[fond]?

B:　No. [f-a-u-n-d].

A:　Ah, [f-a-u-n-d].

B:　That's right.

また，斜体字（イタリック）は見出し表現のプレハブ表現とその

隣接ペアを示しています。さらに，A，B，C，D, E は発話者個人を示しています。教室でのやり取りを想定する場合には，Ps（= Pupils）は複数の児童・生徒がほぼ同時に発話していることを，T1，T2 は個々の教師を，ALT は（英語を母語とする）外国語指導助手をそれぞれ示しています。

3）「関連表現」の例示

　このセクションでは，基本的には見出し表現とほぼ同じ意味・機能を果たす類似表現やくだけた表現あるいは丁寧な表現をスペースの許す限り例示しています。また，反対の意味・機能（肯定表現や否定表現など）を担う表現も必要に応じて示しています。

4）　相互参照の工夫

　見出し表現や活用例，関連表現について，相互に参照が適切であると思われる箇所に，【**98**】，【**76** 関連表現】，【**34** 活用例】のようにほかの見出し表現等の番号を太字で示しています。この例で言えば，「見出し表現 **98** を参照してください」「見出し表現 **76** の関連表現を参照してください」「見出し表現 **34** の活用例を参照してください」を，それぞれ示しています。

目　次

PART
I

良好な人間関係を築き
維持するための

プレハブ表現

01 ｜ How are you?
こんにちは

ポイント

　あいさつ言葉としての How are you? は疑問文の形をしています
が，実は，相手から体調の返答を期待して発する疑問文ではあ
りません。単に How are you? と応じたり，病院で患者が職員と
あいさつするときでさえ I'm fine. と応じたりするからです。した
がって，相手の体調を気遣う How are you? に対して I'm tired.
や I'm sleepy. と応じるのはよいとしても，出会いのあいさつの
際にそのように応じるのは適切ではありません。

　この表現に相手の名前を添えるとより親近感がわきます。相手
の名前がわかる場合には How are you, Tomoe? や How are you,
Ms. Takahashi? のようにあいさつする習慣を身につけましょう。

活用例（隣接ペア）

A: *How are you, Mana?*
　　【対話を開く，親しみを込めて相手の名前を添えよう】

B: *I'm OK. Thank you.*【02】*How are you, Ms. Jones?*

A: *I'm fine, too. Thank you.*

関連表現

・Hello!（こんにちは）

・Hi!（こんにちは）【友だちなど親しい人に対して】

・How do you do?（はじめまして）【初対面の人に対して】

・How are you feeling?（体調はいかがですか）
　　【体調が悪いと聞いていた人に対して】

Thank you.

ありがとうございます

ポイント

　私は，かつて日本人大学生を受け入れる米国学校法人の副学長をしていたことがあります。到着した学生に，Thank you. と ～, please. と Excuse me. の 3 つを適切に使うことができればアメリカで生き延びることができるよ，とよく話をしていました。中でも Thank you.「ありがとうございます，おかげさまで（相手の気遣いに対して）」は，人間関係を良好に構築し，維持していくためにはとても大切なプレハブ表現です。

　なお，1 つ注意したいことがあります。日本語では，相手の行為や贈り物への感謝の意で「すみません」と言います。この「すみません」は「恐れ入ります」の意であって謝罪ではありません。したがって，この状況で I'm sorry.（【52】）を使うのは不自然です。感謝の気持ちを表す Thank you. が適切です。注意しましょう。

活用例（隣接ペア）

A: *Here you are.*【友だちにプリントを手渡しながら】【29】

B: *Thank you.*

A: *You're welcome.*（どういたしまして）【05】

関連表現

・Thanks.（ありがとう）【くだけた表現】【16 ポイント】

・Thank you very much.（どうもありがとうございます）

・I appreciate it.（本当に感謝します）【丁重に感謝する表現】

・Forget it.（そんなこと忘れて／どういたしまして）【37】

03 | Good morning.
おはようございます

■ ポイント

　人間関係を築き，維持するためには，出会いのあいさつは非常に重要です。Good morning. は，午前のあいさつです。Good を省略して，単に Morning. ということもあります。また，別れ際に「さようなら」という意味でも使います。その場合，末尾をやや軽い上昇調で発音するのが一般的です。このプレハブ表現も，Good morning, Mr. Yamada. のように，親しみを込めて相手の名前を添えることが多いです。

■ 活用例（隣接ペア）

　A: *Good morning, Mr. Sato.*【対話を開く】

　B: *Good morning, Sam.* How are you?

　A: I'm pretty good. Thank you. And you?

　B: I'm OK, too. Thank you.

■ 関連表現

・Good afternoon.（こんにちは）【午後のあいさつ】

・Good evening.（こんばんは）

　【日没後・晩のあいさつ，ただし，軽い上昇調で発話すると，「さようなら・おやすみ」という意味で使うこともできます】

・Good night.（さようなら／おやすみなさい）

　【夕方から就寝前のあいさつ】

・Have a good morning／evening／night.

　（楽しい午前／午後／夜を過ごしてください）

Well done!

うまい，お見事！

ポイント

　この表現は，相手の行いや活動の成果などに対する称賛の言葉として使います。Well made（played／written／painted／drawn）！とも言いますが，done を使えば，あらゆる事柄に対して称賛することができます。とても便利なプレハブ表現です。

　以心伝心，秘すれば花という察しの文化に慣れている日本人にとっては，このように言葉ではっきりと相手のことをほめるのは苦手です。しかし，英語でのコミュニケーション活動においては，このような称賛する（ほめる）言葉を多用します。様々なほめ言葉を無意識のうちに適切な場面で使うことができるような習慣をぜひ身につけましょう。

活用例（隣接ペア）

A: Excuse me.　Are you finished, Satoshi?【Excuse me. は対話を開く際に相手の注意を引く表現，104 関連表現】

B: I am.【I'm finished. の略で 'am' を強めに発音】

A: *Well done!*【ほめ言葉をたくさん使いましょう】

B: *Thank you.*

関連表現

・Good job!（がんばったね！）

・You did a great job!（よくやったね！）

・Very nice!（いいね！）

・Excellent!（すばらしい！／よし！／オッケー！）

05 | You're welcome.
どういたしまして

ポイント

　You're welcome. は，相手のお礼や感謝の言葉に対して丁寧に返答するプレハブ表現です。文字通りに言えば，「あなたは喜んで受け入れられています。」ということになるでしょう。以下の活用例にあるように，Thank you.【02】の隣接ペアの1つとして使われることが多い表現です。Thank you. と同様に，人間関係をスムーズにする大切な表現です。普段から考えなくても即興的に使えるように慣れておきましょう。

活用例（隣接ペア）

A: Excuse me, Ken.【11】

B: Yes.

A: This is for you.【相手にものを手渡しながら】

B: *Thank you, Yoshiko.*【02】

A: *You're welcome.*

関連表現

・Not at all.（どういたしまして／何でもないことです）

・No problem.（だいじょうぶ）【くだけた表現，目上の人に対してはあまり使わない，依頼に対して「いいですとも」，96 活用例】

・Sure.（いいとも）
　【くだけた表現，目上の人に対してはあまり使わない】

・My pleasure.（どういたしまして，喜んでそうしているので）

・Don't mention it.（どういたしまして）【ちょっと硬い表現】

06 Nice to meet you.
はじめまして

ポイント

Nice to meet you. は，初対面の相手に対して「はじめまして，お会いできてうれしいです」という気持ちを込めて述べるプレハブ表現です。活用例にあるように，How do you do?　I'm Jun-ichi. などと一緒に使用されることが多い表現です。

2つ留意しておきましょう。1つ目は，再会した場合には，Nice to see you again. (【56】) というように，meet ではなく see を使いましょう。2つ目は，初対面で出会ってお互いに言葉を交わした後で「お会いできてよかったです」と述べるときは，Nice meeting you. というように，meeting を使います。to meet は出会ったばかりの時に，つまりこれから2人の会話や交わりが始まる（未来）という意味合いを出し，meeting は，出会ってお互いについて知ることができた（結果）という意味合いを出すのです。

活用例（隣接ペア）

A: How do you do? I'm Jun-ichi. *Nice to meet you.*

B: How do you do, Jun-ichi? I'm Catherine. *Nice to meet you, too.*

関連表現

・How do you do? （はじめまして）
【初対面時の出会いのあいさつ】

・Pleased to meet you. （はじめまして）【Nice / Pleased の代わりによく使われる語に Glad, Good, Great, Happy など】

07 | My name is Daisuke.
私の名前は大輔です

■ ポイント

　英語での対話においては，相手の名前を確認し，相手を一人の個性ある人間として認めながら対話することが重視されます。そのため，英語話者は，相手の名前を覚えるのがすごく得意です。一度聞いたらすぐに名前を使いながら会話を続けます。一方，日本語話者は相手の名前を覚えるのが案外苦手です。大和時代以来，言霊信仰のもとで自分の名前を言語音で発するのに慎重な態度を日本人はとっているからでしょうか。あるいは，名刺文化が発達しているからでしょうか。いずれにしても，英語で人間関係を築くには自分の名前をしっかり相手に伝えることが重要です。

　なお，英語で自分の名前を紹介する場合，書き言葉では苗字（last name）と名（first name）の順を逆にせずに苗字の部分をすべて大文字にすれば苗字と名は区別できます。しかし，話し言葉の場合はそうはいきません。混乱を避けるには，名を先にして苗字を後にするほうが無難でしょう。

■ 活用例（隣接ペア）

A: *My name is Daisuke.* What is your name?

B: *Hello. My name is Hiroshi, Hiroshi Kiyotake.* Nice to meet you.

A: Hello, Hiroshi. Nice to meet you, too.

■ 関連表現

・I'm Shigeru Murahata.（私は村端繁です）

Oh, really?
え，ほんとうですか

ポイント

Oh, really? は，相づち（バックチャンネル）と呼ばれるプレハブ表現です。対話の相手に対して，疑問を示すというより，自分はあなたの話を集中しながら興味関心を持って聞いていますよ，引き続きあなたの話を聞きたいと思っていますよ，というメッセージです。対話を円滑に進め，対話者間の人間関係を良好なものにするためにはこのような相づちは不可欠です。

Oh, really? の Oh は，驚きや喜びなどを表現する際に使われる言葉です。類似の言葉に Ah があります。Oh は，予想していなかった意外な情報がもたらされた際に使われることが多く，一方，Ah は話者の想定内の範囲の事柄がもたらされた場合に使われることが多いです。

活用例（隣接ペア）

A: What's new today?（変わりないですか，やあ，どう）

B: *Well, not much, but I got a new bike.*【bike は普通自転車を指す。オートバイをはっきり指したいときは motorbike】

A: *Oh, really?* Do you like it?【対話をつなぐための質問】

B: Of course. I like it very much.

関連表現

・Is that right?（それは本当ですか）

・You're kidding.（冗談でしょう）【くだけた表現】

・Can't be true.（信じられないよ）【くだけた表現】

9

09 Are you all right?

だいじょうぶですか

ポイント

　Are you all right? は，相手の様子（健康上の問題や活動状況の様子）がどうもおかしいと察知して相手を思いやるために使用するプレハブ表現です。思いやりや気遣いを示すことは良好な人間関係の構築，維持には不可欠の行動です（【26, 28, 63】）。

　たとえ仲の良い友人が対話の相手であったとしても，このプレハブ表現を上記のような場面で，適切に，かつ即興的に使用できるように十分に慣れておきたいものです。

活用例（隣接ペア）

A:　Takeshi, you don't look so good.

B:　Well, I caught a cold.（うーん，風邪をひいてしまって）

A:　That's too bad.（それはお気の毒に）*Are you all right?*

B:　*I have a slight fever, but I'm OK.*（微熱があるけどだいじょうぶです）Thank you.【相手の気遣いに対する感謝の言葉】

関連表現

・What's the matter（with you）?（どうしたのですか）【26】

・What's wrong（with you）?

　（どうしたの／だいじょうぶ）【26 関連表現】

・Anything wrong（with you）?

　（どこか調子が悪いの）【くだけた表現】

・Is there anything wrong with you?

　（どこか調子が悪いのですか）【少し形式張った表現】

10 Nice T-shirt!

いいTシャツですね

ポイント

相手の身につけているものや持ち物などをほめるプレハブ表現は，良好な人間関係の維持に重要な役割を果たすだけでなく，スモールトーク（当たり障りのない話題についての世間話）を継続，展開する上でも重要な役割を果たします。外国語としての英語で対話するとなると，スモールトークにおいては，いくら身近な話とは言え，最近のニュースや国際的な出来事などについて語るのは至難の業です。そういう意味では，目についた身の回りの物や状況を話題として取り上げるのが無難な選択となるのです。

活用例（隣接ペア）

A: Hello, Makiko.

B: Hi, Hitomi.

A: *Nice T-shirt.*【目についた相手の服装をほめる】

B: *Thank you.* It's a gift from my grandmother.【T シャツ自体を自慢するのではなく，祖母からのギフトと視点を変えて】

A: It looks very nice. I like the color.

B: I like it, too.

関連表現

・Your sweater looks nice.（あなたのセーター，素敵ですね）

・I like your jacket.（君のジャケット，素敵ですね）

・Your bag is very nice.（あなたの鞄，素敵ですね）

・What a beautiful pen case!（きれいな筆箱ですね！）

11 | Excuse me.
すみません

ポイント

Excuse me. は，相手に質問をしたり，注意を喚起したりする状況で，「あの～」と呼びかけるために使用するプレハブ表現です。また，対話中にくしゃみをしたり人の前を通ったりする，ちょっとしたエチケット違反をして「失礼，すみません」と，許しを請う場面でも使用します。さらに，末尾を上昇調で Excuse me? とすると，「え，何ですって，もう一度お願いします」と聞き返す意味になります（【75】）。

類似表現に I'm sorry. があります。この表現は，自分の責任で相手の権利などを侵してしまって謝罪する場面だけでなく（【52，175】），相手に深い同情を示す場面でも使用します（【74】）。

活用例（隣接ペア）

A: *Excuse me, Yoshiko.* Can I use your stapler?
（ホッチキスを借りてもいいですか）【ホッチキスは発明者（Hotch-kiss）に由来する商品名】

B: *Sure.* Go ahead. Here you are. 【29】

A: Thank you. 【02】

B: You're welcome. 【05】

関連表現

・Sorry, everyone. Our time is up!（ごめんなさい，時間です！）
【Sorry. は，Excuse me. とほぼ同じ機能を持ちます】

・Pardon me.（ごめんなさい）【やや丁寧に謝る表現，75】

12 | Good-bye.
さようなら

ポイント

Good-bye. は，別れるときや，電話を切るとき，家を出るときなどの状況で，「さようなら，じゃあまた，いってきます」などという意味で使用します。

Good-bye. という表現は，God be with you. に由来するもので，別れた後も神様（God）があなたのそばにいて（be with you）あなたをお守り下さいますように，という願いが込められています。直接 God に言及することを避けたことと，Good morning. の 'Good' の影響を受けて God が Good に変化しました。

活用例（隣接ペア）

A: Hello, Ayaka. How are you?【対話を開く】

B: I'm OK. Thank you. How are you, Takumi?

A: Good. Thanks. You look great today!【30】

B: Thank you.

A: Well, I have to go now.【幕引きの前触れ】

B: OK. *Good-bye.*【対話を閉じる，幕引きの言葉】

A: *Good-bye.*

関連表現

・Bye.（さよなら）【くだけた表現】

・Take care, Naoko.（直子，気をつけてね）【20 ポイント】

・Good-bye for now.（じゃあまたね）

・So long!（さよなら）【ちょっとくだけた表現】

13 | See you.
じゃあまたね

ポイント

　英語授業であっても，出会いと別れがあります。See you. は，ペアやグループで活動後に，お礼と再会を期す思いを込めて別れを告げるためのプレハブ表現です。ペア活動を見ていると，対話が終わったら相手に何も言わずに次の相手のところに行く場面をよく見かけます。不自然です。お互いに Thank you. あるいはSee you. と言葉をかける習慣を身につけたいものです。

活用例（隣接ペア）

A: Hello, Tomoe. Are you ready?【対話を開く】

B: Yes, Kota. I'm ready.

A: OK. Let's get started. (さあ，始めましょう)【106】
　 What do you want?

B: Two apples, please.

A: Two apples. OK. Here you are.

B: Thank you.

A: *See you.*【対話を閉じる】

A: *See you.* Have a nice day!【15】

関連表現

・See you later. (じゃあまたね，後で)

・See you soon. (じゃあまたね，すぐに)

・See you around. (じゃあまたね／そのうちにね)

・I hope to see you soon. (またすぐに会えるといいね)

14 | Good try!

おしい！

■ ポイント

仲間と一緒にクイズゲームをしている際，相手の答えが間違っていると，迷わず No. と言ってしまいがちになります。このような場合，正面からストレートに否定すると，せっかく答えてくれた友だちの気持ちを踏みにじることにもなりかねません。

Good try! は相手の面子をつぶすことなく対話や活動を続けることができる魔法のプレハブ表現です。下に示した関連表現もよく使われます。これらを即興的に使えるようになりましょう。

■ 活用例（隣接ペア）

A: Guess what!（何だと思う）

B: Let me see.（えっと，そうですね）【204】 *A dog?*

A: *Good try!* But not quite.（でもそうじゃないんだ）

B: Give me a hint, please.（ヒントを下さい）

A: All right.【現在では Alright. がよく使われますが，All right. のほうが標準的という人もいます】 It has a long neck.

B: *Hmm ... a giraffe?*（ん～，キリン？）

A: Bingo!（当たり！） Well done, Misato.【04】

■ 関連表現

・Close!（近い）

・Almost!（おしい）

・Nice try!（おしい）

・Almost there!（もう少し！）

15 | Have a nice day!

楽しい一日を過ごしてください

ポイント

　Have a nice day! は，対話の幕引きに使用します。「楽しい一日を過ごしてください」という少し硬い訳を添えていますが，通常，それほど硬い意味はありません。「ごきげんよう，さようなら，じゃあまたね」程度のあいさつ表現です。仲間との対話が終了したときなど，気軽な気持ちでこのプレハブ表現を使えるようにしたいものです。

活用例（隣接ペア）

A: Well done, Momo.

B: Thank you, Manabu.

A: OK, nice talking to you.
【幕引きの前触れ表現，'OK' の末尾は上昇調↗で発音】

B: Nice talking to you, too. *Have a nice day!*

A: *You too, Momo.*（もも，あなたもね）【You have a nice day, too. の簡略形】 *Bye.*【対話を閉じる】

B: Bye.

関連表現

・Have a nice weekend!（楽しい週末を過ごしてください）

・Have a nice trip!（楽しい旅行をしてください）

・Have a good time!（楽しいひと時を過ごしてください）

・Have fun!（楽しんでね）【くだけた表現】

・Enjoy yourself!（楽しんでください／くつろいでください）

16 | Congratulations!

おめでとう!

ポイント

Congratulations! は, 相手が努力して何かを成し遂げたときに使うプレハブ表現です。したがって, 誕生日のお祝いの言葉などにはあまり使いません。「誕生日おめでとう!」は, Happy birthday! ですよね (【17】)。

なお, 語尾の 's' に注意してください。Thank you. (【02】) の簡略形でも, やはり 's' がついて, Thanks. と言います。

Congratulations! の後に, That's great news. (それはいいニュースだ) や I'm so happy for you. (とてもうれしいよ) や I'm very glad to hear that. (それを聞いてとてもうれしいよ) など, 一言を添えると祝福の気持ちがさらによく伝わります。

活用例 (隣接ペア)

A: You know what? (あのね, ちょっと聞いて) 【58, 切り出しの前触れ表現】 I passed the Eiken test.

B: Really? *Congratulations!* Great news!

A: *Thank you.* I'm so happy about it.

B: I'm proud of you. (すごいね, あなたを誇りに思うわ) 【59】

関連表現

・Congratulations on your success! (成功おめでとう)

・Congrats! (おめでとう) 【短縮形で, くだけた表現】

・Well done, Kozue. (よくやったね, こずえ)

・Awesome! / Great! / You did it! / Fantastic! / Wow! (すごいね!)

17 | Happy birthday!
誕生日おめでとう!

ポイント

　誕生日というのは，誰にとっても特別な日です。この1年，大過なく過ごすことができたことへの感謝と，来年の誕生日まで健康で幸せな日々を送ることへの希望を，自他ともに心からお祝いする日だからです。皆で仲間の誕生日をお祝いしましょう。

　Happy birthday to you, happy birthday to you,

　happy birthday, dear Saki-chan, happy birthday to you.

　下の関連表現で示したプレハブ表現が文中に入る場合には，I wish you a happy new year.（新年おめでとうございます，あなたにとって幸せな新年でありますように）などのように，冠詞の 'a/the' をつけて表現します。

活用例（隣接ペア）

A: You look happy.

B: Well, it's my birthday today.

A: Really? *Happy birthday, Naoki!*

B: *Thank you, Hitomi.*

関連表現

・Happy Children's Day!（楽しいこどもの日をお過しください）

・Happy Hina-Matsuri!（楽しいひな祭りを）【217関連表現，ひな祭りは the Doll Festival, Let's enjoy the Doll Festival.】

・Happy New Year!（新年明けましておめでとう／幸せな新年でありますように）【I wish you a happy new year.】

18 | I can't wait.
楽しみで待てないよ

ポイント

I can't wait. は，何かの活動や発表などがすごく楽しみで待ち遠しい気持ちを表すときに使います。「サッカーの試合が待ち遠しいです」などと，具体的な活動などに触れて言う場合には I can't wait for the soccer game! のように，'for' を加えて具体的な内容を述べます。また，「～することが待ち遠しいです」のように，動作（動詞）を含めた内容を表現する場合には，I can't wait to see it. のように，to＋動詞（to 不定詞）を使います。このように活動への意欲を仲間に示すことで，積極的に参加しようという相手の意欲も高まるでしょう。

活用例（隣接ペア）

A: *Let's begin the guessing game.*
（「当てっこ」ゲームを始めましょう）

B: Yes, let's!（はい，始めましょう）*I can't wait.*

A: *Me neither.*（私もです）【121，相づち】

B: OK, let me go first.（では私から始めさせて）【119 を参照】

関連表現

・Can't wait!（待ち遠しいなあ）【簡略した，くだけた表現】

・I'm excited!（ワクワクするよ）

・I'm looking forward to the Sports Day.（運動会が楽しみです）
【82，この場合の 'to' は前置詞なので，動詞が後続する時は 'seeing you' のように -ing 形（動名詞）に】

19 | Take it easy!
気楽にいこう

■ ポイント

　英語を使うときは，間違ったらどうしよう，何て言うんだったかな，など不安になることがあります。目上の人と英語で対話したり，人前で発表したりするときはかなり緊張します。Take it easy. は，「気楽にいこう」という励ましの意味で使われます。「無理しないで」とか，「焦らずにのんびりやっていこうよ」，「気を楽にして」という場合にも有効な表現です。相手の緊張をやわらげたり，励ましたりするときに使ってみましょう。

　Take it easy. はまた，「さようなら」「じゃあね」などの意味で，別れ際のあいさつ言葉としても使われます。

■ 活用例（隣接ペア）

A: *I'm so nervous.* （すごく緊張しています）

B: *Take it easy, Kaoru!*

A: *Thank you.*

B: You can do it. （君ならできる，だいじょうぶ）

A: OK.　I'll try my best. （全力でがんばります）

■ 関連表現

・Easy! Easy! （落ち着いて，落ち着いて）【くだけた表現】

・Take your time. （ゆっくりやってね／あせらなくていいから）

・Take a deep breath! （深呼吸して！）【47 活用例】

・Relax! （リラックスして）

・Don't be so nervous. （そんなに緊張しないで）

20 Be careful!

気をつけて

ポイント

Be careful! は，相手を気遣い，危険や失敗などを避けてもら
うために相手に注意を促すためのプレハブ表現です。ハサミや刃
が鋭いカッターナイフで手や指を切らないように気をつけてほし
い場合や，壊れそうな物を運んだり移動したりする場合など，物
事を慎重に行ってほしい場合にも使います。

なお，別れ際に「気をつけて」という意味の気遣いをする場合，
特に何か危険なことが予想される時には，Be careful. を使うこ
ともありますが，一般的な気遣いとしての「気をつけてね」のと
きには Take care.（【12】関連表現）がよく使われます。

活用例（隣接ペア）

A: Can I use your box cutter?（君のカッターを借りてもいいで
すか）【カッターナイフは box cutter が一般的】

B: Sure. Here you are.

A: Thank you.

B: *Be careful.* Don't cut yourself.（手を切らないでね）

A: *Thanks.* I will not.（切らないようにします）

関連表現

・Careful.（気をつけて）【くだけた表現】

・Watch out!（気をつけて）【ボールが飛んできているよ，など目前の
危険に注意を促す際に使用】

・Take care of yourself.（気をつけてね）【別れ際のあいさつ】

21 | I don't mind.
気にしないよ

ポイント

I don't mind. は、「自分は気にしないよ，構わないよ，どうぞ」
という自分の気持ちを相手に伝えるために使うプレハブ表現で
す。例えば相手が先に選択したり（Can I play A?「自分が A 役
をやってもいいですか」），あるいは，何かの許可を求めてきたり
（Can I sit here?「ここに座ってもいいですか」）したときに使い
ます。

Don't mind. あるいは Never mind. という表現は，「気にしな
いで」「だいじょうぶだから」などの意味で相手を安心させたり，
励ましたりするプレハブ表現です。

活用例（隣接ペア）

A: *Manabu, can I go after you?*（学くん，君の後でやってもい
　　いですか）【自分から始めてもよいかどうかをと尋ねるときは Can
　　I go first?】

B: Sure.　*I don't mind.*

A: Thank you so much.　I'm very nervous.

B: I know!　OK, let me try. ...

A: Well done, Manabu!

関連表現

・Go ahead.（どうぞ／お先にどうぞ）

・I don't care.（気にしないよ）【言い方によっては「関心がないので，
　どうでもいい」という印象を与えることがある】

22 | Let's enjoy English.
英語を楽しみましょう

ポイント

　Let's enjoy English. は，これから楽しい英語の時間を過ごしましょう，と子どもたちの気持ちを高めるためのプレハブ表現です。英語授業の冒頭で日直さんによるかけ声で児童・生徒が一斉に大きな声で発することで積極的に授業が始められます。

　プレハブ表現というのは，まったく変化しない言葉の固まりではありません。この Let's enjoy English. のように，'English' のところに，例えば，'lunch' を入れると，Let's enjoy lunch. となり，給食時のかけ声として使用することができます。プレハブ表現ではコミュニケーション活動に限界があるのでは，と心配する人もいますが，意外に多くの創造的な表現が含まれています。本書の Part I の後半から Part II と Part III にかけて，このように創造性のあるプレハブ表現をたくさん紹介していきます。

活用例（隣接ペア）

　A: 【チャイム】 Attention! *Let's enjoy English.*【日直のかけ声】
　Ps: *Yes, let's!*【全員で】
　T1: OK. Good morning, everyone.
　Ps: Good morning, Mr. Tsutsumi.

関連表現

・Have fun with English. （英語を楽しもう）
・Have fun learning English. （英語の学習を楽しみましょう）
・Get the most out of English. （英語を最大限に楽しもう）

23 | I like your pencil case.
いい筆箱ですね

ポイント

【10】Nice T-shirt. の項でも述べましたが，ほめることは良好な
人間関係を築いて維持していくにはとても大切な言語行為です。
ほめ言葉を英語では compliment と言います。英和辞書を引くと，
「賛辞，お世辞」の訳が与えられていますが，英語のコンプリメン
トは，単なる表面的な軽い言葉ではなく，敬意や感謝などのニュ
アンスを含み，かつ，スモールトークを支える重要な役割を持っ
ています（【89】を参照）。察しの文化で育った私たちは，言葉で直
接ほめることはあまり得意ではありません。英語使用の際には意
識的に言葉でほめる練習をしておくとよいでしょう。また，ほめ
られたら素直に受け入れることも大切です。

活用例（隣接ペア）

A: *I like your pencil case.*

　　【身の回りのものを話題にしてスモールトーク】

B: *Oh, do you?　Thank you.*

A: Gift?

B: Yes, from my father.

関連表現

・Nice pencil case! (いい筆箱だね)【くだけた表現】

・It's a nice pencil case! (いい筆箱ですね)

・Your pencil case looks nice. (あなたの筆箱いいですね)

・Your T-shirt is cool. (君の T シャツかっこいいね)

24 | It's pretty.

きれいですね

■ ポイント

このプレハブ表現も相手の着ている服や持ち物，あるいは身の回りにある物（花，イラスト，絵など）を指差しながら，ほめたり，コメントしたりする表現です。トークタイム（Talk Time, スモールトークのような自由英語対話の活動）のような活動の場合，対話が途切れないようにするためには身近で当たり障りのない話題を選択するのはとても重要です。

It's pretty. の 'pretty' を他の形容詞に置き換えると，関連表現のようにさらに幅広い場面や状況で使用することが可能です。

■ 活用例（隣接ペア）

A: Goro, look at this.

B: Wow, *it's pretty*!

A: *It is.*【It is pretty. の略で，「その通り」という意味】

■ 関連表現

・It's nice.（いいですね）【「あれ，いいですね」と，比較的遠くにある物について言う場合にも使用】

・It's beautiful.（きれいですね）

・It's awesome.（すごいですね）

・It's gorgeous.（非常にきれいですね／見事ですね）【華やかな服や色，物などについて言及するだけでなく，日や天候などについて触れる際にも（例えば，It's a gorgeous sunset.「見事な夕焼けですね」など）幅広く使われる】

---

25 It's a nice day.
いい天気ですね

■ ポイント

It's a nice day. は，初対面の人と対話するときや普段あまり話をしない人との関係を築くのによく使われるプレハブ表現です。日本語でも，ご近所さんに「やっと雨があがりましたね」とか「今日は冷えますね」と言葉を交わすことがよくあります。顔を合わせても何も言葉を交わさないのは不自然です。そのような場合，日本語でも英語でも天気を話題にするのは無難な選択です。

It's a nice day, isn't it? と，'isn't it' を加えて付加疑問文にすると，あなたとこの陽気の良い状況を共有したいという気持ちがさらに強く相手に伝わります。

■ 活用例（隣接ペア）

A: Hi, Shizue. How are you?

B: How are you, Shigeru. *It's a nice day.*

A: *It is!* (その通りよ) Do you want to play outside?

B: How about playing soccer? 【35 関連表現】

A: Good idea. 【200】 Let's go!

■ 関連表現

・Nice day, isn't it? (いい天気ですね)【親しい相手に】

・It's a beautiful morning. (気持ちいい朝ですね)

・It's very cold. (寒いですね)

・It's hot and humid today. (今日は蒸し暑いですね)

26 What's the matter?
どうしたのですか

ポイント

What's the matter? は，【63】 What happened to you? と同様に，何かいつもと違う相手の様子を見て，「だいじょうぶ，どうしたのですか」と相手を気遣うプレハブ表現の１つです。

'with you' を後に付けて What's the matter with you? とも表現します。

活用例（隣接ペア）

A: Hi, Aika. *What's the matter?*

B: *Well, I couldn't sleep well last night.*
（えっと，昨夜はよく眠れなかったのです）

A: That's too bad. （それは困ったね）【45】

B: By the way, Yoshiko looks tired, too.

A: She does. （その通りだね）

関連表現

・What's wrong (with you)? （どうしたのですか）【09 関連表現】

・Are you okay? （だいじょうぶですか）

・You look tired.
（疲れているように見えますが，だいじょうぶですか）

・You look exhausted.
（疲れきっているように見えますが，だいじょうぶですか）

・Is everything okay?
（うまくいっていますか／だいじょうぶですか）

27 | Yes, a little
はい，少しだけ

ポイント

　Yes, a little. は，Are you tired?（疲れているのですか）とか Are you hungry?（お腹すいていますか）などと相手に尋ねられて，「確かにそうだけど，少しだけね」と，多少控え目に応答するためのプレハブ表現です。

　なお，せっかく相手が気遣って言葉をかけてくれたので，Yes, a little. に続けて，Thank you. と言えば，2 人の関係は良好のまま維持されるでしょう。

活用例（隣接ペア）

A: *Ayumi, are you tired?*【あゆみが元気なさそうなので】

B: *Yes, a little. But I'm okay. Thank you.*

A: OK. Let's get started.【106】 Are you ready?

B: Sure.

A: Who goes first?（誰から始めますか）【119】

C: Can I?（私から始めていいですか）【Can I go first? の簡略形】

A: All right.

関連表現

・Not much.（それほどでもないです）

・Not so much.（それほどでもないです）

・Not very.（それほどでもないです）

・Yes, a little, but not very much.

　（はい，少し，でもそれほどでもないです）

28 | Do you feel okay?
気分悪くない，だいじょうぶ

■ ポイント

　Do you feel okay? は，相手の顔色が悪いのを見て，気分が悪くないかどうかを気遣うためのプレハブ表現です。

　そう言葉をかけられて，もし，吐き気がする場合には，I feel sick. とか I feel very bad. などと言えば気分の悪さを伝えることができます。

活用例（隣接ペア）

A: Hello, Masaharu.

B: Hi, Naoko.

A: *Do you feel okay?*

B: *Well, I feel a little cold.*（少し寒気がします）

A: Oh, that's too bad.（それはお気の毒に）　Mr. Sato?

T1: Yes, what's wrong?【26 関連表現】

A: Masaharu doesn't feel well.

T1: All right.　Masaharu, I think you need a rest.
　　（雅治君，少し休んだほうがいいね）

関連表現

・How do you feel?（気分はどうですか）

・Are you feeling okay?（気分はどうですか）

・Do you have a fever?（熱はありますか）

・How is your cold?（風邪はどうですか）

　【相手が風邪をひいていることを知っている場面で】

29 | Here you are.
はい，どうぞ

ポイント

　Here you are. は，相手にプリントなどを手渡す場合に使用します。小学生や中学生の行動を観察していると，後ろの人にプリントを配る際は，ほとんど無言で渡し，無言で受け取っています。日本語では，そのような状況で，「はい，どうぞ」「ありがとう」などと言葉を交わすことがあまり強く意識されていないからでしょう。しかし，英語では，Here you are. と手渡し，受け取る側は，Thank you. と礼を言いながら受け取るのが普通です。これらのプレハブ表現を意識せずに状況に応じて自然な形で使える習慣を身につけたいものです。

活用例（隣接ペア）

A: *Here you are.*【プリントを後ろの人に手渡す】

B: *Thank you. Here you go.*【受け取ったら次の人に渡す】

C: *Thanks. Here it is.*【受け取り，渡す】

関連表現

・Here you go.（はい，どうぞ／お待ちどうさま）【レストランなどでウエイトレスが客に料理をもって来たときなど，主として手渡す人が待ち構えている状況で使用】，（はい，来ましたね）【受け取る側の人が何かがようやく手元に届いた時などにも使用する表現】

・Here it is.（はい，どうぞ／ここにあった）【探している物を見つけた時につぶやく表現】

30 | You look great today!
今日はいかしてますね

ポイント

You look great today! は，「今日は元気そうだね」という意味
でも使いますが，相手の外見をほめて人間関係を維持したり，ス
モールトークの話題を作ったりする場合によく使うプレハブ表現
です。外見の場合には，I like your sweat shirt.「君のトレーナー
いいね」と，さらに具体的にいかすところを加えるとより効果的
です。

活用例（隣接ペア）

A: Hi, Kozue. How are you?

B: Hi, Nobuko. How are you?

A: *You look great today*, Kozue! I like your sweater.

B: *Thank you.* It's my mother's choice.

A: Good taste! (趣味がいいですね)【対話をつなぐほめ言葉，25 活
用例，200】 The design is nice.

B: Thank you for the compliment.【89】 I like your pants,
too. You look nice in white. (白が似合いますね)

関連表現

・You look cool. (かっこいいね)

・You look awesome today. (今日はすてきですね)

・You look nice in black. (黒が似合いますね)

・You look good in that sweat shirt.

(そのトレーナー似合いますね)

31 | This is for you.
これ，どうぞ

ポイント

This is for you. は，グループの構成員それぞれにプリントな
どを配布する際に，「これは，あなたの分です」というニュアン
スで使われるプレハブ表現です。そういう意味では，【29】Here
you are. とほぼ同じ状況で使うことができます。Here you are.
よりも多少丁寧な表現と言えるかもしれません。

何か贈り物をする際にも使いますが，「これは，あなたの分で
す」という意味合いが強いので，何かプレゼントを渡す際には，
むしろ This is a gift (present) for you. とか，Here is some-
thing for you. とか，I have something for you. などのように言
うほうが無難でしょう。

活用例（隣接ペア）

A: Take one, please. *This is for you.*【A が B に渡す】
B: *Thank you.*
A: Sure. Here you are.【29，A が C に渡す】
C: Thanks. Here you go.【29 関連表現，C が D に渡す】
D: Thank you.

関連表現

・For you. (はい，どうぞ)【くだけた表現】
・Here you are. (はい，どうぞ)【29 Here you are. を参照】
・It's for you. (君に電話だよ)【Hey, Kimiko. It's for you. と，固定
　電話に電話がかかってきた時に，誰かに取り次ぐのに使用】

You are good at English.

英語が上手ですね

ポイント

You are good at English. は，相手の英語をほめるプレハブ表現です。'at' の後にほめたい事柄（baseball, soccer, volleyball などの名詞や playing basketball, singing a song などの動名詞句）を入れると様々な状況で相手をほめることができます。英語によるコミュニケーションでは，ほめられた側は，「いや，それほどでも」「たいしたことないですよ」と謙遜せずに，せっかくほめてくれているのですから相手の面子をつぶすことなく，素直に受け入れて，Thank you! などと応じるようにしましょう。

活用例（隣接ペア）

A: 【対話を終える直前に】Thank you. *You are good at English!*

B: *Thank you for the compliment.*（ほめてくれてありがとう）
【30 活用例，89】Your English sounds great, too.

A: Thank you for saying so.（そう言ってくれてありがとう）【37 活用例，89 関連表現】

B: OK, see you around.【13 関連表現】

A: See you. Bye.

関連表現

・You are good at drawing.（絵を描くのが上手ですね）

・You speak English very well.（英語がすごく上手ですね）

・You are a good tennis player.（君はテニスが上手ですね）

・You are good with hands.（手が器用ですね）

33 | Nice talking to you.
話ができてよかったです

ポイント

　Nice talking to you. は，対話の終わりに，話ができてよかったことについて，相手への感謝の気持ちをこめて交わすプレハブ表現です。普段一緒に生活している仲間同士でも，このようなちょっとした一言を交わし合えるようにしたいものです。

　1つ注意したいことがあります。このプレハブ表現に限らず，何度も同じような表現を使っていると，言い慣れるのはよいのですが，「とにかく言えばいい」となってしまって気持ちがこもらず，ついつい丁寧さを欠き，投げやりな言葉遣いになってしまうことがあります。言い慣れたプレハブ表現とはいえ，心をこめて発することが大切です。

活用例（隣接ペア）

A:　【対話を終えて】*Nice talking to you.*【幕引きの前触れ】

B:　*Nice talking to you, too.*

A:　See you.【13】　Bye.

B:　See you soon.　Bye.

関連表現

・Nice talking.（じゃあね）【くだけた表現】

・It's been nice talking to you.
　（お話ができてよかったです）【丁寧な表現】

・Nice talking with you.（話ができてよかったです）【複数人で話し
　合う場合に使われることが多い】

34 That's great!
すばらしいね

ポイント

That's great! は，対話を途切れさせないようにするため，相手の発話の直後に打つ「相づち」表現の1つです。英語でのコミュニケーションの場合，ポジティブ（前向き）な発想で言葉のやり取りをすることが多く，このようなプレハブ表現を多用します。「ほめる」「励ます」「感動する」「驚く」を英語でうまく表現できれば人間関係も良好になります。

話し上手は聞き上手と言われます。相手の発話に対して，多少大げさでも下の関連表現を含めて即興的に使える習慣を身につけましょう。

活用例（隣接ペア）

A: *I got a new bike.*（新しい自転車を買ったんだ）【'bike' については 18 活用例を参照】

B: *That's great!*【対話をつなぐ相づち】 How do you like it?

A: I like it very much.

B: Good.

A: What's new today, Hiroshi?【08 活用例】

関連表現

・Great / Wonderful / Awesome / Fantastic / Cool!
（すごいね！）【くだけた表現】

・That's wonderful / awesome / fantastic!（すばらしいね！）

・That sounds great!（それはすばらしい！）

35 | How about you?
あなたはどうですか

ポイント

　How about you? は，相手の問いに対して応答した後で，相手の問い表現を繰り返すことなく，「では，あなたはどうですか」と問い返す際に使用できるとても便利な表現です。

　また，How about you? は，相手に何かを提案したり，勧誘したりする場合にも使われます。例えば，We're going to play soccer. How about you?（ぼくたちはサッカーをしようと思いますが，あなたもどうですか），Let's go fishing. に対して，How about tomorrow?（明日はどうですか）のようにも使用します。

活用例（隣接ペア）

A: OK, let's get started.【106】 You go first.（君から先にどうぞ）【99】

B: All right. *What color do you like?*

A: I like green and brown. *How about you?*

B: *Well, I like orange.*

A: Orange.【相手の発話の一部をエコーのように繰り返して確認】 Why?

関連表現

・And you?（あなたはどう？）【くだけた表現】

・What about you?（君はどうですか）【勧誘】

・How about reading the book?
　（その本を読みましょうか）【提案，25 活用例，282】

36 Don't worry.

心配しないで

ポイント

Don't worry. は，相手が何か失敗したり，うまくいかなかった
り，うっかり誰かに何か非礼な行為をしてしまったりして落ち込
んでいる相手を慰めたり，励ましたりするためのプレハブ表現で
す。いくら心で思っていても言葉で明言しないと気持ちは伝わり
ません。

Don't worry about the cards. のように言うと，「カードのこと
は心配しないでぼくに任せて」というように，自分が片付けなど
を対応するのでだいじょうぶ，という意味でも使用されます。

活用例（隣接ペア）

A: Can I go first?【**21 27** の活用例を参照】

B: Sure. Go ahead.

A: I want to …【言葉につまる】 *Sorry.* （ごめんなさい）

B: *Don't worry.* Try again.

A: Thank you. I want to make curry and rice for lunch.

B: Great! Curry and rice for lunch. I love it!

関連表現

・Don't worry about it. （心配しないで）【慰め】

・Don't worry about it. （心配しないで／任せて）【放念】

・Never mind. （気にしないで）【くだけた表現】

・It's OK. （いいですよ／気にしないで）【慰め】

・That's not your fault. （あなたのせいじゃないですよ）【**79**】

37 | Forget it.
そんなこと忘れて

ポイント

Forget it. は，何か負い目を感じていたり，悪いことをしたと感じたりしている相手に対して，「そんなこと気にしないで忘れて」，と励ます，ややくだけたプレハブ表現です。

また，お礼や謝罪の言葉に対して，「どういたしまして」「もういいので忘れて」という意味でも使います（【02】関連表現）。

さらに，What did you say? と聞き返された際に，Forget it. 「いや，何でもないので」と，自分が発話したことを繰り返したくなく，前言を取り消す場合にも使います（【02】関連表現）。

活用例（隣接ペア）

A: Well done, everyone!【グループ発表の後で】

B: Yes. We did a good job!

C: What's wrong, Tomoe?【09 26 関連表現】

D: *I made a mistake.*（間違えてしまって）*I'm sorry.*

C: Oh, it was nothing.（あ，どうってことないや）*Forget it.*

D: *Thank you for saying so.*【32 活用例，89 関連表現】

関連表現

・No worries.（心配しないで）【くだけた表現】

・That's okay.（だいじょうぶ）

・Don't worry about it.（心配しないで）【36】

・It doesn't matter.（別にいいよ，かまわないよ）

・That's nothing.（どうってことないよ）【53 活用例】

38 It's very hot. Don't you think so?

すごく暑いですね。そう思いませんか

ポイント

It's very hot. Don't you think so? は，付加的に 'Don't you think so?' を加えて天気や状況などに関する思いを相手と共有したい姿勢を示すことで，対話に弾みをつけるためのプレハブ表現です。対話というのは，相手との協力関係の上で成り立つので，このような小さな言葉でも対話においては重要な役割を果たします。この表現は，誰かと対面した際，沈黙を避けるために天気を話題（【25】It's a nice day. を参照）にしている場面での使用例です。

付加疑問文は，It is very hot, isn't it? のように，先行する文の主語と動詞に応じて表現が変化します。特に，一般動詞の文が先行する時には，Takeshi went shopping last Sunday, didn't he? となり，少し複雑です。その点，'Don't you think so?' とか，関連表現で紹介する 'right?' などは，どのような文の後でも使うことができるので大変便利です。

活用例（隣接ペア）

A: Hi, Mana. How are you?

B: I'm okay, Miki. How about you? 【35】

C: Fine. *It's very hot. Don't you think so?*

D: *Yes, very hot.*

関連表現

・You like baseball, right? （君は野球が好きだよね）【203】

39

39 | You can do it!
君ならできるよ

ポイント

　You can do it!（'do' を強調）は，何かの活動に不安を感じている仲間がいる場合に，「君ならだいじょうぶだから，がんばれ！」と激励するためのプレハブ表現です。

　ただし，'You' を強く言うと，「君がやってもいいよ」（許可）とか，「君がやったらいいじゃないの」（命令調の，ちょっと投げやり的な表現）という意味に解釈されることが多いようです。先生が，Stop talking, please.　Stop!　Be quiet, please. と静かにしてほしいのにクラスは一向に静かにならない。堪忍袋の緒が切れた先生が，YOU can get OUT! と叫ぶと，「出て行きなさい！」ということになるでしょう。

活用例（隣接ペア）

A: *I'm so nervous.*（すごく緊張していて）

B: *You can do it!*

A: *OK, I'll do my best.*（わかった，ベストを尽くすよ）【43】

B: We are always with you!【47】

A: Thank you for saying so.

関連表現

・Fight!（がんばれ）【くだけた表現】

・Keep it up!（その調子で，がんばれ）【くだけた表現】

・Just keep going.（そのまま続けていればだいじょうぶ）

・You'll be fine.（君ならだいじょうぶ）【丁寧な表現】

40 | Be confident!

自信をもって

ポイント

Be confident! は，自分自身に自信がなくて，いつも物事に消極的な仲間に向けて発する，「これまでちゃんとできているから，やればできるからだいじょうぶ，自信をもって」と，激励したり，元気づけたりするためのプレハブ表現です。

活用例（隣接ペア）

A: Okay, your turn, Misato.（じゃ，君の順番だよ，美里）

B: Hmm … I'm going to make a mistake.（ん〜，間違えそう）

A: You've been doing fine.（これまでうまくやっていたでしょう）
   Be confident!

B: I know, but …（わかっているけど）It's difficult.（難しくて）

C: Misato, you can do it!【19 関連表現，39】

B: *All right. I'll try my best.*（わかった，頑張ってみる）

A: Good!

関連表現

・Just be confident.（自信をもてばだいじょうぶ）

・Be confident in yourself.（自分に自信をもって）

・Have confidence.（自信をもって）

・You should have confidence about English.
（君は英語には自信をもつべきだよ）

・Believe in yourself.（自信をもって）

・Trust yourself.（自分を信じて）

41 Don't be so sad.

そんなに悲しまないで

ポイント

Don't be so sad. は，仲間がうまく英語を使えなかったり，言うことを途中で忘れてしまったりしたときなど，相手を「だいじょうぶだから」と慰めるためのプレハブ表現です。

人は，このようなちょっとした一言で自信を取り戻したり，次はもっとうまく言えるよう頑張ろうという気持ちになったりするものです。お互いを励まし合い，支え合って英語学習に積極的に向き合えるようにしたいものです。

活用例（隣接ペア）

A: We are done!（終わったね）　What's wrong, Takumi?【09 26 関連表現】

B: Hmm …

A: *Don't be so sad.* Better than before.（前よりよかったよ）

B: *Thank you.*【相手の激励を素直に受け入れる】

関連表現

・Don't be so disappointed.（そんなにがっかりしないで）

・Don't look so sad.（そんなに悲しい顔をするなよ）

・Don't blame yourself.（自分を責めないで）

・Don't be ashamed of yourself.（恥ずかしいと思わないで）

・Much better.（よくなってるじゃん）【くだけた表現】

・Good try!（がんばったじゃない）【14】

・You are not yourself today.（今日はいつもの君らしくないよ）

42 Just be yourself.

落ち着いて

■ ポイント

Just be yourself. は，自己紹介したり，自分の将来の夢を英語で発表したりするときなど，発表者に「普段の君のままにいれば，だいじょうぶ，あなたらしく，落ち着いて」という意味の励ましのプレハブ表現です（【19】Take it easy!「気楽に行こう」を参照）。

「聞くこと」「読むこと」「話すこと」「書くこと」の4技能のうち，「話すこと」は，「やり取り」と「発表」の2つの領域に分かれています。後者の領域には，1人で発表する場面が多くあると思います。そのような場合に，さりげなく，見出し表現のような一言を言ってあげると友だちは落ち着いて発表できるでしょう。

■ 活用例（隣接ペア）

A: It's my turn.（私の番だ） Hmm …

B: *Yuka, just be yourself.*

A: *I will.*（そうします）【I will be myself. あるいは I will try to be myself. の簡略形】

B: Then you'll be OK.

■ 関連表現

・Be yourself.（君らしく）

・Take it easy!（気楽にいこう）【19】

・Just relax.（ただ力を抜いて）

・Just the way you are.（今の君のままでいて）【歌のタイトルにもなっています】

43 | Do your best.
ベストを尽くして，頑張ってね

■ ポイント

　Do your best. は，文字通りの意味では，「あなたのベストを尽くして下さい」で，日本語の「頑張ってね」に相当するプレハブ表現です。相手を励ます言葉として使われます。【19】Take it easy. や，【39】You can do it. や，【40】Be confident! などとともに相手を励ます状況で適宜使えるようにしたいものです。

■ 活用例（隣接ペア）

A:　Hi, Momo. How are you?

B:　Hi, Yuka. How are you? Can I go first?【36 活用例】

A:　Sure. *Do your best.*

B:　*Thank you. I will.*

A:　All right. Go ahead.

B:　Guess what?【14 活用例，驚かないでよ，と切り出しでも使用される】　Let me show you …【何をしているかジェスチャーで演じる】

■ 関連表現

・Try your best.（頑張って）

・Do your very best.（最善を尽くして頑張ってください）

・Good luck!（頑張ってね）【少しくだけた表現】

・Take it easy.（気楽にいこう）【19】

・Be confident.（自信をもって）【40】

・Yurina did her best.（優里奈は頑張りました）

44 | I'm trying.
今頑張っているから

ポイント

I'm trying. は,「まだなの」「どうしたの」と相手が心配しているときに,自分は努力している,頑張っている,時間はかかっているけど,でも何とかしようと頑張っている,などという状況で,相手に安心してもらったり,状況を説明しようとしたりする際に使われるプレハブ表現です。

1つ大切なことがあります。このようなちょっとした一言でも,言い方によっては,相手に対して不愉快な思いをさせてしまうこともあります。相手を安心させるように丁寧に心から気持ちを伝えようとする態度で発することが重要です。

活用例 (隣接ペア)

A: Hi, Momoka. What's the matter? 【26 09 関連表現】

B: I'm not ready yet. (まだ準備ができていません)

A: *Hurry up!* 【86】

B: *I'm trying, I'm trying.*

A: *All right. Take your time.* 【19 関連表現】

B: Thank you, Tomoe.

関連表現

・I'm trying hard. (一生懸命やっているよ)

・I'm trying my best. (頑張っているよ)

・I'm doing my best. (頑張っているよ)

・I'm working on it. (それ今やっているよ/取り組んでいるよ)

45　That's too bad.
それは困ったね

ポイント

　That's too bad. は，相手に何か良くないこと（鍵をなくした）が起きたり，何か心配するようなこと（風邪をひく）があったりする場合に，「それは困ったね，お気の毒に」など，比較的軽微な出来事について同情するために使用するプレハブ表現です。

　一方，My grandfather passed away last week.（先週祖父が亡くなりました）など，ことがより深刻で不幸があった場合には，お悔やみの言葉 I'm sorry.（それはお気の毒に）を使います（【11】のポイントを参照）。

活用例（隣接ペア）

　A: Hi, Midori. How are you?

　B: Hello, Jun. I'm OK.

　A: You don't look so good. What's the matter?

　B: *Well, I have a stomachache.*（ん，お腹が痛くて）

　A: Oh, no. *That's too bad.* Excuse me, Ms. Takahashi.

　T1: Yes. Need any help?【136】

　A: Midori has a stomachache.【頭痛は 'a headache'】

　T2: Midori, are you all right?

関連表現

・Too bad.（かわいそうに）【くだけた表現】

・Sorry to hear that.（それを聞いて残念に思うわ）

・That's a shame.（それは残念ね）［＝That's a pity.］

Cheer up!
元気を出して

ポイント

Cheer up! は，「元気を出して，がんばれ」と，相手を激励する表現です。スポーツの試合などで応援するチアリーダー（'cheer leader'）の 'cheer' は，「元気づける」という動詞に由来します。

なお，この表現は，イギリス英語では，「ありがとう，さようなら」（少しくだけた表現）という意味でも使われるようです。

活用例（隣接ペア）

A: OK, our turn.（さあ，私たちの番だよ）

B: *Cheer up*, everyone!

Ps: *Yeah!*【皆でハイタッチをしながら，ハイタッチについては 51 を参照】

C: Let's enjoy our skit.（自分たちのスキットを楽しもう）【'skit' は寸劇のこと】

Ps: Yes, let's.【対話をつなぐ相づち】

D: Just be yourself.【42】 All right?

Ps: OK.

関連表現

・Cheers!（乾杯！）

・I was cheered up by the news.

（そのニュースに元気づけられました）

・Go for it!（頑張って）【原意は「それに向かって行け」】

・Keep trying.（その調子で頑張って）

47 I'm behind you.
応援しているよ

ポイント

I'm behind you. は，「君のすぐ後ろに私がいるので安心して
ね，応援しているよ」（【39】活用例を参照）というように，相手
を激励するために使用するプレハブ表現です。

このような一言をさりげなく相手にかけてあげれば，その相手
はとても心強く思い，安心して物事に取り組めるようになるで
しょう。

活用例（隣接ペア）

A: Satoshi, are you ready?

B: Yes. But I'm so nervous.

A: Oh, Satoshi. You can do it! 【39】

B: Hmm …

A: *I'm behind you.*

B: *Thank you for saying so.* I'll try my best.

A: Take a deep breath.【19 関連表現】

B: All right.【深呼吸する】

関連表現

・I'm with you.（応援しているよ／君と一緒だからね）

・I'm here for you.

　（応援しているよ／君のために私がいるからね）

・I'm on your side.（応援しているよ／君の味方だからね）【76】

・You are not alone.（応援しているよ／君は一人じゃないよ）

48 How nice of you!

本当に親切に，ありがとう

ポイント

How nice of you! は，何か親切なことをしてもらったり，慰めてもらったり，ほめてもらったりしたとき，その相手に対して感謝の気持ちをもって返答するためのプレハブ表現です。

英語によるコミュニケーションの場合，日本語による場合と異なり，とにかく自分が思っていることを口に出さないとこちらの気持ちは相手には伝わりません。聞き手は受け身ではなく，自分は聞き手であり，話し手でもあることを常に意識してコミュニケーションに向き合うことが大切です。

活用例（隣接ペア）

A: Satoshi, is everything OK?【困っている様子を見て】

B: Well … I have a problem here. （ここがわからなくて）

A: *I can help you.*

B: *How nice of you!*

A: *Sure, my pleasure.* Let me see.【204】 … Ah, … This picture comes first.

関連表現

・How kind of you!（本当にご親切に）

・How nice of you to say so!

　（そう言ってくれて，とても親切にありがとう）

・It's very kind of you to say so.

　（そう言ってくれて，とても親切にありがとう）【少々硬い表現】

49 | Good for you.
よかったね

ポイント

　Good for you. は，相手が何か賞をもらったり（あなたはその賞をもらうのに値するよ），成功したり（おめでとう），何か良いことがあったり（良かったね）したときに，その相手に称賛の意を込めて発するプレハブ表現です。少しくだけた表現です。

活用例（隣接ペア）

A: Tomoe, you are the best speaker.

B: Thank you for your compliment.【89】

C: *Good for you,* Tomoe.

B: *Thank you*, Nana. I did my best.

A: I know.（わかってるよ）【対話をつなぐ相づち】

C: I'm very proud of you.【59】

A: You're the hero.

関連表現

・Congratulations!（おめでとう！）【16】

・Well done!（よくやったね！）【04】

・That's great!（すばらしいね！）【34】

・You deserve it.（よく頑張ったね／あなたはそれに値するよ）【ただし，'deserve' は，（称賛・報酬・罰など）に値する，ふさわしい，というように，良いことばかりではなく悪いこと（罰）にも「自業自得だね」「ざまあみろ」という意味でも使うので，状況をよく判断して使いましょう，91】

50

Hang in there.

あきらめないで頑張って

ポイント

このプレハブ表現は，くじけずに粘り強くがんばって，あきら
めないで，と相手を励ます，少しくだけた表現で別れ際によく使
います。'Hang' という動詞は，ぶらさがる，掛かっている，な
どの意味をもつので，'Hang in there.' は，手を離さずすがりつ
く，あきらめない，そこから離れないように頑張る，という意味
に転じたものです。

日本語では，「じゃあ，頑張ってね」と，別れ際に言うことが
よくあります。この表現は，それに相当する，くだけた表現と言
えるでしょう。

活用例（隣接ペア）

A: 【共同作業が終わって】Well done, Wakako.【04】

B: You too, Akiko.

A: Well, I'll find another partner.（えっと，別の相手を探すわ）

B: OK. See you around.【13 関連表現】

A: *Hang in there.* See you.

B: *All right.* Thank you.

関連表現

・Never give up.（あきらめないで）

・Don't give up.（あきらめないで）

・Keep going.（頑張って）【39 関連表現】

・You can do it!（君ならできるよ）【39】

51　Give me a high-five!

ハイタッチ！

ポイント

　スポーツで得点したときに「ハイタッチ」をして喜ぶことがあります。英語学習においても，ペアやグループ活動で何か上手くいったときに手を高く挙げてする「ハイタッチ」をする場面があります。この Give me a high-five! は，仲間に「ハイタッチをしよう」と提案する際に使われる表現です。

　「ハイタッチ」というのは，和製英語です。英語では，'high-five'（ハイファイブ）と言ったり，単に 'five' と言ったりします。Gimme five! と言うこともあるようです。

活用例（隣接ペア）

A:　【ゲームが終わって】We won!（勝った！）

B:　*Give me a high-five.*【'five' は指の数に由来】

Ps:　*Yeah!*【ハイタッチ】*Five!*

Ps:　*Yeah!*【ハイタッチ】

C:　We made it!（やったね）【86 を参照，乗り物に間に合ったという状況でも使用する】

D:　All right, everyone.　Sit down, please.

関連表現

・Five!（ハイタッチ！）

・High-five!（ハイタッチ！）

・We did it!（やったね）

・Good job!（がんばったね！）【04 関連表現】

52 | I'm sorry I'm slow.
遅くてごめんなさい

ポイント

I'm sorry I'm slow. は，活動のスピードが自分だけ遅いのを気にして仲間に謝罪するプレハブ表現です。例えば，共同作業をしている際に，一人だけ作業を進めるのが遅くて，次に進めなくて他のメンバーに迷惑をかけているような状況で使います。

そのように言われた方は，非難せずに忍耐強く待ってあげながら，あせらず落ち着いて作業ができるように言葉にして励ましてあげましょう。

活用例（隣接ペア）

A: 【グループ発表の準備】OK, it's our turn.（ぼくたちの番です）【101 を参照】Let's get started.【106】

B: Wait a second, please! *I'm sorry I'm slow.*

A: *Don't worry.*【36】*Take your time.*【19 44 関連表現】

B: Thank you. … Finished!

C: Good.

A: All right, everyone. Let's go.

B: Wait, please! Where is my red pen?

関連表現

・Sorry.（ごめん）【11】

・I apologize I'm slow.（(作業が) 遅くてごめんなさい）

・I'm sorry I'm late.（遅くなってごめんなさい）【遅刻】

・I'm sorry I'm bad at drawing.（絵が下手でごめんなさい）【32】

53 | That's my mistake.
それは私の間違いです

ポイント

　That's my mistake. は，何かミスをしたり，間違いをしてしまったりした際に相手に謝罪する表現です。良好な人間関係を保つためには，自分が冒してしまったミスは素直に認めて謝罪し，一方，謝罪された側は，素直に非を認めた相手を尊重して大きな心でそれを受け止め，かつ，気にしなくていいよ，と相手を安心させることが大切です。

活用例（隣接ペア）

A:　Hmm … Something is wrong … (何んか変だよね…)

B:　Ah, someone painted it in black.

　　(あ～，誰かここ黒を塗っているよ)

C:　Sorry. *That's my mistake.*

D:　*Oh, that's nothing. Forget it.*【02, 37 関連表現】

C:　Thank you for saying so. (そう言ってくれてありがとう)

関連表現

・That's my fault. (自分が悪かった)【責任を伴うミスのニュアンス】

・I made a mistake. (間違いをしてしまった)

・I painted it in red by mistake. (間違えて赤を塗ってしまいました)

・No mistakes. Good job! (間違いゼロ，がんばったね！)

54 You poor thing.

かわいそうに

■ ポイント

　このプレハブ表現は，相手に何か悪いことが起きて同情すると
きに，「かわいそうに，お気の毒に」という意味で使います。こ
の表現においては，'poor' には，いわゆる「貧しい，貧乏な」と
いう意味はなく，「かわいそうな」という意味です。

　多少くだけた表現なので，友だちに対して発するのは問題ない
ですが，先生や目上の人に対しては使用しません。

■ 活用例（隣接ペア）

A: Good morning, Taro. How are you?

B: Hi, Midori. I'm great.

A: What's wrong?【怪我した指を見て】【26】

B: *I cut it with a knife.*（ナイフで切っちゃって）

A: Oh, *you poor thing.*

B: *Thank you.* But I'm OK.

　　【同情を受け入れながらも相手を安心させる配慮】

■ 関連表現

・Poor thing.（かわいそうに）

・You poor girl.（かわいそうに）【女の子に対して，男の子に対して
　は You poor guy.】

・That's too bad.（それは困ったね）【45】

・I really feel sorry for you.（お気の毒に）【少々硬い表現】

・Sorry for you.（かわいそうに）【04 関連表現】

55 | Your English is great!
君の英語はすばらしいです！

ポイント

Your English is great! は，相手の上手な英語をほめるプレハブ表現です。相手の持ち物や言動，得意なことなどをほめることは，その人との人間関係を維持するには非常に重要な言語行為です。気持ちを込めて言わなければ，逆に，単なるお世辞やうわべだけの言葉として取られることもあるので注意したいものです。

'English'（bag, smile, action, performance, speech, picture, writing などの名詞）と 'great'（wonderful, beautiful, nice, awesome, fantastic, amazing などの形容詞）の場所には，様々な言葉が入ります。いろいろな場面で使える便利な表現です。

活用例（隣接ペア）

A: *Your English is great*, Kimi!

B: *Thank you*, Kaede.　I liked your smile.

A: Thanks.

B: Yeah.　You are always smiling.

A: Am I?

B: I wish I were you!（私があなただったらいいなあ，と思います）【願望を表す仮定表現】

関連表現

・Your bag is very beautiful.（あなたの鞄はすごくきれいです）

・Your speech was fantastic.

（あなたの発表はすばらしかったです）

56 Nice to see you again.

また会えてうれしいです

ポイント

Nice to see you again. は，出会った際，あるいは別れ際に，再会できた喜びを相手に伝えるためのプレハブ表現です。この表現中の 'see' は，面会する，会う，訪問する，（医者に）看てもらう，などの意味で使われます。

初対面の人に対しては，Nice to meet you.（【06】）と言うのが普通です。ただし，誰か（知人）とどこかで「落ち合う」場合にも，例えば，Let's meet there at five.（そこで5時に落ち合いましょう）と meet を使い，see はあまり使いません。

活用例（隣接ペア）

A: *Nice to see you again*, Haruka.

B: Hi, Tomoe. *Nice to see you, too!*

A: What's up?（変わりはありませんか）【61】

B: Well, not much, but I'm going to Hokkaido next month.

A: That sounds exciting. With your family?

B: Yeah, with my mother.

A: Great. Have a nice trip.

関連表現

・Glad to see you.（君に会えてよかった）

・I'll be seeing you soon.（また近いうちにお会いしましょう）

・I'm looking forward to seeing you again.

（また会えるのを楽しみにしています）【82】

57 | Much better.
ずっと良かったよ

ポイント

　このプレハブ表現は，相手の英語やパフォーマンスが以前よりも良くなっていた状況で相手をほめるために使用します。'better' は，比較表現なので何と何を比較しているのかを表すのが普通ですが，状況から比較対象がわかる場合には，'than' 以下は省略します。伝統的な英文法では，このような使い方のことを，「絶対比較級」と呼んでいます。

　なお，この表現は関連表現にあるように何かを選ぶ際にこっちの方がずっといいよ，はるかにいいよと言う場面でも使用します。

活用例（隣接ペア）

A: We are finished! *How was I, Ryota?*（良太，私どうだった）

B: Well, *much better*, I think.

A: *Are you sure?*（本当ですか）

B: Yes, believe me.

A: Good to hear. Thank you for the compliment.
　（ほめてくれてありがとう）【89】

B: You're welcome, Saki.

関連表現

・You were much better.（ずっと良かったよ）

・This is much better.（こっちのほうがずっといいよ）

・You're doing much better than before.
　（君は以前よりずっとよくできていますよ）【少し硬い表現】

You know what?

あのね，ちょっと聞いて

■ ポイント

You know what? は，「ねえねえ，あのね，聞いた，知ってる，ちょっと聞いて」など，何か良いことや驚いたことなど，ニュース性の高い話題があって，相手との対話を開く際に使用するプレハブ表現です。

また，相手に何か頼みたいときにも，You know what? Do you have change?（小銭をもっていますか）と，相手の注意を引くために使われることもあります。

■ 活用例（隣接ペア）

A: *You know what?*【上昇調╱で発音】

B: *What?*【下降調╲で発音】

A: Mr. Hashimoto is getting married.

（橋本さんが結婚するらしいよ）

B: Are you sure?

A: Yes.

B: What good news!

A: It is!（本当にそうよ）

■ 関連表現

・You know something?（あのね）

・Do you know what?（ちょっと聞いてください）

・Guess what!（ねえ，聞いてよ／何だと思う）【くだけた表現】

・You don't believe this.（信じられないと思うけど）

59 | I'm proud of you.
すごいね, あなたを誇りに思うわ

ポイント

I'm proud of you. は, 相手が何かを達成したり, 成功したり, 何かすごいことをしようとしているときに, 「私はあなたを誇りに思う」と, 相手をほめたたえるプレハブ表現です。文字通りの意味ほど硬い表現ではありません。日本語での対話で言えば, 「すごいね！」に相当する言葉と理解してよいと思います。

'proud' は形容詞で, その名詞形は 'pride'（プライド, 誇り）です。相手を誇りに思う場合には, 少し硬い表現ですが, I take pride in you. とも言います。

活用例（隣接ペア）

A: Hi, Takuya. You know what? 【58】

B: What?

A: I want to be an English teacher.

B: An English teacher? Wow, *I'm proud of you.*

A: *How nice of you to say so.* 【48 関連表現】

B: You are my hero.（君はぼくのあこがれだよ）

A: Thank you very much.

関連表現

・I'm proud to be your friend.

　（君の友だちであることを誇りに思うよ）

・That's amazing!（それはすごいね）

・That's wonderful!（それはすばらしいね）

60

60 | The blue shirt suits you.
その青いシャツ君に似合っているよ

ポイント

この表現は，友だちの持ち物や身につけている物が，その友だちに似合っている，とコメントして，相手との関係を良くする表現です。'The blue shirt'のところには，'The cap''The jacket''The shoes'など，いろいろな物を入れて表現することのできる便利な表現です。動詞'suit'の代わりに，The sweater matches you. のように，動詞'match'を使うこともあります。

活用例（隣接ペア）

A: Hi, Hiroshi!

B: Hello! *The blue shirt suits you*, Miku.

A: *Oh, thank you.* Your jacket suits you, too.

B: Really? Good to hear that.

A: Is everything OK?

B: Yeah, fine.

関連表現

・The T-shirt looks good on you.（Tシャツよく似合いますよ）

・You look good in the blue shirt.

（その青いシャツ君に似合っているよ）

・The T-shirt goes well with your pants.

（そのTシャツはズボンに合ってますよ）

・That bag goes awesome with your jacket.

（そのバッグは上着にとてもよく合っていますよ）

61 What's up?
変わりはありませんか

ポイント

What's up? は，出会いの際に知人に何か変わったことがない
かを尋ねるプレハブ表現です。'up' は，「起きて，出現して」と
いう意味で，「あなたに何か起きていませんか」ということにな
ります。親しい者同士で相手の機嫌を伺うのが主旨で，あまり悪
いことを予想しているわけではありません。

関連表現にあげた What's up with you? は，What's the mat-
ter（with you）?（【26】）や What's wrong（with you）?（【26】 関連
表現）などと同様に，相手の様子が普段と違うので，「顔色がわる
いよ，だいじょうぶ，何かあったの」という状況で使います（【09】
Are you all right?）。

活用例（隣接ペア）

A: Hi, Goro.

B: Hi, Yoshiko. *What's up?*

A: *Not much.*（特にないよ） How about you, Goro?

B: Same as usual.（特に何もない，いつもと同じだよ）

A: OK, nice seeing you.

B: Nice seeing you, too.

関連表現

・What's up with you?（何かありましたか）

・Is everything OK?（変わりはありませんか）

・Are you doing OK?（だいじょうぶですか）

62 If you like.

もし君がよければ

ポイント

'If you like.' は，「もしあなたが好むのならば」と，相手の意向を尊重する気持ちを伝えるために，発話の後に付加的に加えて使用するプレハブ表現です。

また，例えば，A: Can I use your eraser?　B: If you like. のように，相手からの提案や申出，許可を求める発話に対する単独の応答として使用することもあります。

活用例（隣接ペア）

A: How many do you have?

B: I have three.

A: Take one more card, *if you like*.

B: *Thank you.*

A: Everyone, ready?

Ps: Yes! Let's begin!

関連表現

・If you want. （もしそうしたければどうぞ／もしよければどうぞ）
【151，発話末尾での使用例：Help yourself, if you want. 「ご自由にどうぞ，もしよければ」，単独での使用例：A: Can I go to the bathroom?　B: If you want.】

・If you please. （どうぞお願いします）【Come this way, if you please. 「どうぞこちらへおいでください」依頼の命令文に添えられることが多い，少し硬い表現】

63 What happened to you?

どうしたのですか

ポイント

What happened to you? は，「あなたに何が起こったのですか，何かあったのですか，どうしたのですか」と，自分は相手のことを気にかけていますよ，と伝える気遣いのプレハブ表現です（【09 26 28】）。相手への気遣いは，良好な人間関係の基盤です。

気遣ってもらった側は，気遣いへのお礼を述べたり，相手を安心させる言葉を返したりすることで関係は良くなるでしょう。

活用例（隣接ペア）

A: Hi, Daisuke.　You look down today.（元気がないね）

B: … Me?

A: *What happened to you?*

B: *Well, I couldn't get good sleep last night.*
　　（昨夜はよく眠れませんでした）

A: You couldn't?

B: No.

A: That's too bad.【45】

関連表現

・What happened?（どうしたの）

・What's happening here?（いったどうなっているの）

・See what happened?（ほらぼくが言った通りでしょう）【予想していた通りに何かが起きたとき】

・What happens if it rains?（雨が降ったらどうするのだろう）

64 Your English sounds beautiful.
あなたの英語の発音すごく上手ですね

ポイント

Your English sounds beautiful. は，相手の英語の発音をほめる表現ですが，「(相手に関する何か) + (sounds) + (beautiful などの様々な形容詞)」という表現パターンは，Your sweater looks nice.（【10】）や I like your pencil case.（【23】），Your English is great!（【55】）などと同様に，様々な状況で使うことができる便利なプレハブ表現です。

'sound' という動詞は，「～のように聞こえる，～のように思われる，～らしい」という意味です。

活用例（隣接ペア）

A: Shall we start?（始めましょうか）

B: All right. Ready, go!【A が音読する】

  【A が音読を終える】

C: *Your English sounds beautiful.*

A: *Oh, does it? Thank you for the compliment.*【89】

C: I mean it!（本気で言っているんだよ，本当だよ）

A: All right.

関連表現

・That sounds nice / good.（それはいいですね）【提案を受けて】

・Sounds great / wonderful / awesome.（いいね）【提案を受けて】

・How does that sound (to you)?

  （(君は) どう思いますか）【提案などについて】

65 | I'm afraid not.

残念ながらそうではないようです

ポイント

I'm afraid not. は，「残念ながらそうではないようです，残念ながらできません，残念ですが無理です」と，相手の面子をつぶさずに依頼などを丁寧に断るときに使われるプレハブ表現です（【14】）。例えば，Can I use your ruler? と定規の使用許可を求められた際，いきなり No, you can't. と断るのは丁寧さを欠き，2 人の関係が悪化することも有り得ます。そのようなときには，'I'm afraid'「残念ですが，申し訳ありませんが」という言葉をクッションに入れて丁寧に断ります。

活用例（隣接ペア）

A: I need a ruler. Hmm … *Goro, can I use yours?*

B: Well, *I'm afraid not.* I'm using it.

A: OK. Haruka?

C: Sorry.

A: All right. Wakako, can I use your ruler?

B: Sure. Here you are.

関連表現

・Afraid not. （残念ながらそうではないです）【くだけた表現，A: Can I go to the bathroom?「トイレに行ってもいいですか」B: Afraid not. 「だめです」】

・I'm afraid so.

（残念ながらそのようです）【A: Am I late? B: I'm afraid so.】

Isn't that amazing?
実にすばらしいですね

■ ポイント

Isn't that amazing? は,「それはすばらしくないですか,実に
すばらしいですよね」という意味で,友だちの発表や対話での発
話,作品などの出来具合が驚くほどすばらしいときに使うプレハ
ブ表現です。

'amazing'「びっくりするような,すばらしい」のところに,
'wonderful' 'awesome' 'great' などの形容詞を入れると表現の幅
が広がります。また,'Isn't that' の 'that' のところに,'she' 'he'
'Tomoe' や具体的な人の名前を入れると,Isn't he wonderful?
「彼すごいね」など,さらにいろいろな人の,様々な行為などに
ついてほめ称えることができます。

■ 活用例（隣接ペア）

A: Look at that!【仲間がけん玉をしているのを見て】

B: *Isn't that amazing?*

A: *Right!* He is very good at playing kendama.【32】

B: He is our hero.

A: Can you play kendama?

B: I'm afraid not …【65】

■ 関連表現

・Isn't that beautiful? (すごくきれいじゃない)

・Isn't she awesome? (彼女すごいね)

・Isn't this fun? (これ楽しいね)

67 | Welcome back!
お帰りなさい

ポイント

Welcome back! は，旅行や仕事などでしばらく留守をしていた人に対して，「お帰りなさい」という意味で使うのが一般的です。しかし，Shopping Game（買い物ゲーム）など，教室での言語活動の際に，また回ってきてくれた友だちに対して，「また来てくれてありがとう！」と，お礼を言う際にも使用できます。

なお，同じゲームの際に，初めて来てくれた人に対しては，Welcome to ABC Fruits!「ABC 果物店にようこそ！」というように，Welcome to ～ というプレハブ表現を使います。

活用例（隣接ペア）

A: Fresh fruits! Sweat apples! Beautiful oranges!

B: *It's me again.*（また来たよ）

A: Hi, Tomoe.　*Welcome back!*　What do you want this time?（今度は何がいいですか）

B: Two oranges, please.

A: OK, two oranges … Here you are.【29】

関連表現

・Oh, you're here.（あ～，来てくれたね）

・Please come again.（また来てね）【客に対して】

・I'm back!（また戻って来たよ！）

・Thank you for coming again.（また来てくれて有り難う）

・Welcome home.（お帰り）【自宅に帰ってきたとき】

68 | I hope not.
そうでないといいね

ポイント

I hope not. は，何か悪いことが起こりそうだったり，いやなことがありそうだったりするときに，「そうでないことを期待します，そうならないといいのですが，そうでないといいね」という状況で使われるプレハブ表現です。逆に，そうなればいいな，と肯定的にものごとを期待するときには，I hope so. のように，'not' の代わりに 'so' を使います。

活用例（隣接ペア）

A: Let's talk about next Sunday, shall we?

B: Yes, let's. What are you going to do, Hiroki?

A: I'm going to go fishing!

B: *OK, but it will rain.*（でもね，雨がふるよ）

A: *I hope not.* How about you, Kaori?

B: I'm going to play basketball in the gym.
  （体育館でバスケットをするつもりです）

A: That sounds nice!

関連表現

・I hope so. (そうであると願いたい／そうであればいいね)【244】

・I'm afraid not. (残念ながらそうではないようです)【65】

・I'm afraid so. (残念ながらそのようです)【65 関連表現】

・I'll see you later, I hope. (会えるといいね)【'I hope' は，文中や
  文末に挿入して，何かが期待されるときに使用】

69 | I'll talk to you later.
また後で話をしましょう

■ ポイント

I'll talk to you later. は，話題がつきたりして，そろそろ対話を終了しようとするときに，対話の「幕引きの前触れ言葉」として使用するプレハブ表現です。

対話では，いきなり See you. Bye. などと唐突に幕引きをすることはありません。たとえ，また会う機会はもうないかもしれないと思っていても，相手に対する配慮として，「また後で話をしましょうね」などと声をかけるのです。このような一言が相手との良い関係を支えてくれます。

■ 活用例（隣接ペア）

A: I like fishing very much.

B: Ah, you have a nice hobby.

A: Thank you.

B: Well, *I'll talk to you later.*【幕引きの前触れ】

A: *OK. Nice talking to you.*

B: Nice talking to you, too.

A: See you around.

B: See you soon. Bye.【対話を閉じる】

■ 関連表現

・Talk to you later.（じゃあまたね）

・Let's talk again.（また話しましょう）

・Let's meet up again.（また会って話しましょう）

70 | Can you help me?
ちょっと手伝ってくれますか

■ ポイント

Can you help me? は，誰かに何かを手伝ってほしいことがある場合に，丁寧に依頼する表現として使用するプレハブ表現です。状況により手伝ってほしい内容をあえて言わなくてもわかるようなときには，単に Can you? だけでも依頼の意図は伝わります。なお，Can you help me, please? と，'please' を加えると，より丁寧さを高めることができます（【02】のポイントを参照）。

■ 活用例（隣接ペア）

A: We're running out of time.（時間がないよ）

B: I know. *Can you help me?*

A: *Sure. But what can I do?*（何をしたらいい）

B: Hmm … Draw an elephant here.（ここに象の絵を描いて）

A: An elephant. … All right. …

■ 関連表現

・Please help me.（手伝ってください）

・Will you help me?（手伝ってくれますか）

・Can you help me with my homework?（宿題を手伝ってくれますか）【手伝ってほしい事柄（名詞）を具体的に言う場合】

・Can you help me paint this picture?
（この絵に色を塗るのを手伝ってくれますか）

・May I help you?（いらっしゃいませ／何にいたしましょうか）【商店の店員やレストランのウェイトレスなど】

71 | I know.
そうだよね，分かっているよ

ポイント

I know. は，相手に共感を示したり，同意を示したりする際に使うプレハブ表現です（【21 40 70】の活用例を参照）。A: Today's news is terrible.　B: I know.（A：今日のニュースは最悪だね，B：そうだよね）と，単独で使ったり，You're not interested in Italy, I know.　But let's talk about pizza.（君がイタリアに興味がないのは分かっているけど，ピザについて話をしましょう）のように，文末で使ったり，I know you have a nice idea.（分かっているよ，君にはいい考えがあること）と文頭で使うこともあります。

なお，I know. で共感や同意を示したいときは，'know' をはっきりと強く発音するのがコツです。もし，'I' を強調すると，「そんなことぼくは分かっているよ，うんざり」などの意味に解釈されることがあります。

活用例（隣接ペア）

A: *Haruka speaks English very well.*

B: *I know.*

A: Ah, here she comes.（ああ，彼女が来たよ）

B: Hi, Haruka.　We're talking about you.

C: Nothing bad I hope.（悪いことではないといいのですが）

関連表現

・I know that.（それは分かっているよ）

・You told me so.（そう話してくれたね）【思い出して】

72 | You know.
わかっていると思うけど

ポイント

　You know. は，「ほら，あのね，分かっていると思うけど」などという意味で，これから話すことや今話したことをあなたはわかってくれる，知っていると思うけど，などと共感や理解を求めるプレハブ表現です。

　この表現は，発話の冒頭（You know, I enjoyed the activity. (あのね，その活動楽しかったわ)）や途中（I like apples, you know, better than pears. (私はリンゴのほうがね，ほら，ナシよりも好きなのよ)），末尾（I want to be a doctor, you know. (私は医者になりたいと思っているの，知っているよね)）など，いろいろな場所で使われます。言葉に詰まったときなどに使える便利な言葉ですが，あまり連発するのは耳障りになることもあるので注意したほうがよいでしょう。

活用例（隣接ペア）

A: Your turn, Hikari.

B: OK, but it's difficult to say, *you know*.

A: *Certainly.* (確かに) But try. (頑張ってみなさいよ)

B: OK, I will. (了解，やってみる)

A: I'm always with you. 【47 関連表現】

B: Thank you, Natsumi. You're so kind.

関連表現

・As you know. (おわかりのように) 【少し硬い表現】

73 | What a lovely pencil!
何とかわいい鉛筆なの

ポイント

　What a lovely pencil! は，友だちの待ち物などについてほめるプレハブ表現です。'pencil' のところに，いろいろな物を代入すれば，様々な場面で使用できる表現です。

　これは，いわば句ですが，硬い文で表現すれば，What a lovely pencil it is (you have)! となるでしょう。口頭での対話においては，後半の 'it is' 'you have' を言わなくても十分に機能する表現です。下の関連表現に例示しましたが，状況から何をほめているか分かる場合には具体的な物に言及せずとも，単に How lovely! (How＋X (形容詞・副詞)!) で気持ちを伝えることができます。

活用例 (隣接ペア)

A: Excuse me. 【11】 Can I use your pencil?

B: Sure. Here you are.

A: Thanks. *What a lovely pencil!*

B: *Oh, is it?* Do you like it?

A: Yes, very much.

B: You can have it, if you like. (それあげるよ，よかったら) 【62】

A: Really? How nice of you! 【37 の活用例】

関連表現

・How lovely! (何とかわいいの)

・What beautiful pictures (they are)!

　(とてもきれいな絵ですね) 【複数の物に対して】

74 I'm sorry to hear that.

それはお気の毒に

ポイント

I'm sorry to hear that. は，知り合いに何か悪い出来事や残念なことが起こったときに，同情の言葉としてかけるプレハブ表現です。もちろん，ここでの‘I'm sorry’には，「すみません」という謝罪の意味はなく，「残念に思う」という同情の意味です。

活用例（隣接ペア）

A: Do you have any pet?

B: Well, our pet cat died last week.

(えっと，ペットの猫が先週死んでしまいました)

A: Oh, *I'm sorry to hear that.*

B: *Thank you.* She was very old. How about you? Any pet?

A: We have a dog.

B: Ah, a dog. What's its name?

関連表現

・I'm sorry. (お気の毒に)【誰かが亡くなられたときに使ってもよい】

・Sorry to hear that. (それはお気の毒に)

・I feel the same as you. (あなたと同じ気持ちです)

・That's a pity.

(それは残念です)【困っている人などに対しても使用，**45** 関連表現】

・That's too bad.

(お気の毒に)【軽微な事柄について，**28** 活用例】

・I understand how you feel. (気持ち分かりますよ)【**90**】

75

75 | Excuse me?
え，何ですって？

ポイント

Excuse me? は，相手の言ったことが聞き取れなくて，繰り返し言ってほしいときに使うプレハブ表現です。また，話を切り出すために「ちょっといいですか，ちょっとすみません」と相手に声をかけるときにも使えます。この場合，末尾を上昇調に言います。末尾を下げると，主としてくしゃみなどをしたときの「失礼，すみません」（【11】）の意味になります。

活用例（隣接ペア）

A: OK, let's begin! What did you do last Sunday?

B: Hmm … I went downtown for shopping.【小さい声で】

A: *Excuse me?*【上昇調／で発音】

B: *I went shopping.*

A: Ah, you went shopping. All right. Did you get anything?

B: Well, I saw a nice jacket, but … （いい上着を見たんだけど）

A: You didn't get it? （買わなかったの？）

B: No. Because it was expensive. （高かったから）

関連表現

・Pardon me? （何ですって？／もう一度お願いします）【206】

・What did you say? （何と言いましたか？）

・Sorry? （え，何ですって？）【くだけた表現，191】

・Could you repeat it again, please?

　（もう一度言っていただけませんか）【やや硬い表現】

76 I'm on your side.
君の味方だからね

ポイント

I'm on your side. は,「私はあなたの側にいるわよ,応援して
いるよ,味方だからね」と,相手に安心感を与えて激励するため
のプレハブ表現です。賛否両論ある事柄については,いろいろな
立場や意見があるものです。皆が同じ意見をもつことはまれで,
場合によっては,少数派の立場に立たされる人もいます。そのよ
うな場合に,このようなプレハブ表現を使えば少数派の仲間を勇
気づけることができます。

活用例（隣接ペア）

A: What is your favorite animal, Minami?

B: I like lizards.（私はトカゲが好きです）

Ps: What?【驚いて】

A: Minami, *I'm on your side.* People have different likes
   and dislikes.（人によって好き嫌いが違うから）

B: *Thank you for saying that.*【89 関連表現】

関連表現

・I'm always behind you.

　（いつも応援しているからね,いつも後ろにいるよ）

・I will stand by you.（あなたの味方だからね）

・I'm here for you.（応援しているよ）【47】

・You can count on me.（頼りにしてくれていいんだよ）

・Which side are you on?（あなたはどちらの味方ですか）

77 | It wasn't that bad.
そんなに悪くなかったよ

ポイント

　It wasn't that bad. は，仲間が発表など何かうまくいかなくて落ち込んでいるときに，「それほど悪くはなかったよ，そんなに悪くはなかったからだいじょうぶ」と，慰めるプレハブ表現です。この 'that' は，口語では，「それほど，そんなに」という意味で，(It isn't) that bad.「それほど悪い」，(I can't run) that fast.「そんなに速く」，(She went) that far.「そんなに遠く」，(I had) that much.「そんなにたくさん」のように，形容詞や副詞が後続する副詞の機能を持ちます。

活用例（隣接ペア）

　A: Honoka, what's wrong?【09】
　B: *I made a big mistake.*（大失敗をしちゃって）【37】
　A: Well, *it wasn't that bad.*
　B: Thanks.
　A: OK.　Let's try again.

関連表現

・It wasn't so bad.（そんなに悪くはなかったよ）【少し硬い表現】
・Not bad.（まんざら悪くはなかったよ）
・It wasn't bad for your first try.
　（最初にしてはそんなに悪くはなかったよ）
・Don't be so sad.（そんなに悲しまないで）【41】
・Be confident!（自信をもって）【40】

78 | Do me a favor, will you?
頼みがあるのですが

ポイント

Do me a favor, will you? は，仲間に具体的な内容を伝える前に，何か頼みたいことがあることを丁寧に切り出すプレハブ表現です。いきなり依頼すると相手も躊躇したり，驚いたりすることもあるので，このように，まず控え目に援助を打診して相手の了解を得てから具体的な内容を伝えると良い関係が保たれるでしょう（**70** の依頼表現も参照）。

なお，文末を上昇調で Do me a favor? や Will you do me a favor? と言うことも可能です。

活用例（隣接ペア）

A: Hello, Kozue. How are you?

B: Hello, Yurina. How are you?

A: Kozue, *do me a favor, will you?*

B: *Sure. What can I do for you?*【**70** 活用例，**166** 活用例】

A: Can you share your textbook with me? （教科書を一緒に使わせてもらってもいいですか） I left mine at home. （家に忘れてきたの）【**142**】

関連表現

・Can I ask you something? （ちょっと聞いてもいいですか）

・Can I ask you a favor? （お願いがあるのですが）

・May I ask a favor of you? （お願いがあるのですが）

・Would you do me a favor? （お願いがあります）【硬い表現】

> ## 79 | It's not your fault.
> あなたのせいじゃないですよ

■ ポイント

　It's not your fault. は，共同作業をしている際に，何か上手く
いかないことがあったり，一人で責任を感じて落ち込んでいる仲
間がいたりする状況で，「あなたの失敗じゃないよ，あなたの責
任じゃないよ，皆で頑張ったのだから」と慰めたり，安心させた
りするためのプレハブ表現です。

■ 活用例（隣接ペア）

A: We didn't do well … Did we? （うまく行かなかったよね）

B: Hmm … anyway we did our best. 【43】

A: …

B: Sachi, *it's not your fault.*

A: *I know, but …* （わかっているけど，でも…）

B: Don't feel so bad. （そんなに気にしないでよ）【41 を参照】

A: Thank you for saying so, Nami. 【32 活用例】

B: English is not our mother tongue. （英語は私たちの母語じゃ
ないんだから）【母語は 'first language'（第 1 言語）とも】

A: You're right.　I'll try my best next time.

■ 関連表現

・Never mind. （気にしないで）【21】

・Don't worry. （心配しないで）【36】

・Take it easy. （気楽に行こう）【19】

・Let's enjoy English. （英語を楽しみましょう）【22】

80 | Thank you for choosing me.

私を選んでくれてありがとう

ポイント

Thank you for choosing me. は，相手を探しながら対話をする活動で，対話が終わった相手に，「相手として私を選んでくれてありがとう」と，相手をしてくれたことに対して感謝するプレハブ表現です。このような別れ際のちょっとした言葉が，両者の関係を良くして，また対話する機会につながったりします。

なお，パイロットやフライトアテンダントの，Thank you for choosing XXX Airlines. という機内アナウンスは「XXX 航空をご利用頂きましてありがとうございます」という意味です。飛行機を利用する際に注意して聞いてみましょう。

活用例 (隣接ペア)

A: What a wonderful talk! (すばらしい対話だったわ) 【73】

B: *Thank you for choosing me.*

A: *Same here.* (私も同じよ)

B: I'll see you around. (じゃ，また後でね) Have a good day.

A: You too.

関連表現

・Thank you for being my partner.

（パートナーになってくれてありがとう）

・Thank you for having me.

（招待してくれて（誘ってくれて）ありがとう）

・Thank you for the compliment. 【89】

---

81 | I hope to see you soon.

またすぐに会えるといいね

ポイント

英語での対話は，突然，Bye. などと幕が引かれることはありません。この I hope to see you soon. という表現は，主な話題についての話が終了して，そろそろ別れようかと思っているときに，幕引きの前触れの表現として相手に向けるプレハブ表現です。Nice seeing you again. や Nice talking to you. などと同じ機能を持ちます。

活用例（隣接ペア）

A: You did a good job, Masaru.

B: Thank you, Tomoe. So did you. 【語順に注意】

A: Thanks.

B: Well, *I hope to see you soon.*【幕引きの前触れ表現】

A: *Yeah, see you soon.* Bye.

B: Bye. 【幕引き】

関連表現

・See you.（じゃあまたね）【13】

・Nice talking to you.（話ができてよかったです）【33】

・I hope I can see you again.

（また会えるといいですね）【少し硬い表現】

・Let's meet up soon.（また落ち合いましょう）

・Let's do that again.（またやりましょう）

・I'll talk to you later.（また後で話しましょう）【69】

I'm looking forward to seeing you again.

また会えるのを楽しみにしています

ポイント

I'm looking forward to seeing you again. は，別れ際に，会えたことへの喜びとぜひ再会したいという気持ちを相手に丁寧に伝えるための，少し硬いプレハブ表現です。少し硬い表現ですが，話し言葉でも（対話の最後に）書き言葉でも（手紙やメモなどの最後に）よく使われる表現です。

'to' の後に来る動詞は，〜 ing 形（動名詞）になることに注意して使いましょう。

活用例（隣接ペア）

A: OK, nice talking to you. 【33】

B: Nice talking to you, too.

A: *I'm looking forward to seeing you again.*

B: *I am, too.*

A: Have a nice day. 【15】

B: You too. Bye.

A: Bye.

関連表現

・Looking forward to seeing you again.

（また会えるのを楽しみにしているわ）

・I'm looking forward to the Sports Day. 【18 関連表現】

・Nice to see you again.

（また会えてうれしいです）【出会い，56】

83 | Sorry for interrupting you.

お話し中ですが

ポイント

Sorry for interrupting you. は，話をしたいと思っている相手が誰かと話をしていて，なかなか話が終わりそうにないような状況で，「お話し中，ちょっとすみませんが，お邪魔をして申し訳ありません」と，丁寧な態度を示しながら対話に割り込むために使用するプレハブ表現です。

活用例（隣接ペア）

A: Wow! I like your shirt.

B: Thank you. It's a new one.

A: Really?

C: Excuse me.【11，対話開始の前触れ表現】 *Sorry for interrupting you.*【A と B の対話に割り込んできて】

A: *Yes.*

C: Can you be my partner next?

（次のパートナーになってくれますか）

A: Of course, if you like.【62】

C: Great. I'm here waiting for you.（ここで待っています）

関連表現

・Sorry?（ちょっとごめん）【くだけた表現】

・Excuse me?（ちょっとすみません）

・Sorry for disturbing you.（お邪魔して悪いのですが）

・Can I say something?（ちょっと一言いいですか）

84 You made my day.

最高の一日にしてくれてありがとう

ポイント

You made my day. は，文字通り，「あなたは私の一日を作ってくれたわ」という意味で，相手のお陰で何かが上手くいったり，幸せな気持ちになったりしたことに対して，感謝の気持ちを伝えるために使用するプレハブ表現です。

対話活動の際に，なかなか相手が見つからないこともあります。そんなとき，積極的に声をかけてくれた相手に，この言葉をかけると，その人も，すごくうれしい気持ちになるはずです。

なお，'You' の代わりに，'Today's class' や 'This activity' など，自分を幸せにしてくれた事柄を入れることもできます。

活用例（隣接ペア）

A: Yuka, your English is excellent!【相手の英語をほめる】

B: Thank you for saying that.【32 活用例】 *You made my day.*

A: *I'm glad to hear that.*（それを聞いてうれしいです）

B: I hope you will be my partner again.

A: Of course, I will.

関連表現

・This activity made my day.

（この活動，すごく楽しくて最高の一日になりました）

・You made me happy.（君のお陰で幸せです）

・You always make my day.

（あなたはいつも一日を最高にしてくれるわ）

---

85 | **That's good to hear.**
　　 | それはよかったね

■ ポイント

That's good to hear. は，「それを聞いて安心した，それはよかったね」という意味で，相手に何か良いことがあったり，状況が好転したりした際に打つ相づちの１つです（【55】）。

単に，Good to hear. （【09 26 57】の活用例を参照）と言ったり，Good to hear that. （【60】）と言ったりもします。

また，'good' の代わりに，'great' 'nice' などの形容詞がよく使われます。

■ 活用例（隣接ペア）

A: How is your father, Chihiro?

　　（千尋さん，お父さんはどうですか）

B: *He's getting better.*（以前より良くなっていますよ）

A: *That's good to hear.*

B: He walks for one hour every morning.

　　（毎朝１時間歩いています）

A: Does he?（そうなの？）

B: Yeah.　With our pet dog, Pochi.

■ 関連表現

・Good to hear from you. （あなたからそれを聞いてよかったわ）

・Great to hear. （よかった）

・I'm glad to hear that. （それを聞いてうれしいです）

・Nice to hear from you. （お便りありがとう）【手紙やメールで】

You made it!

やり遂げたね！

ポイント

You made it! は，「やり遂げたね，成功したね，上手くいった
ね，間に合ったね」という意味で，相手が何かをうまく成し遂げ
たときに使用するプレハブ表現です。この表現中の 'make' は，
「人が何かを成功させる，完成させる，間に合う，目的地にたど
り着く」などという意味です。'it' には特別な意味はなく，その
場の状況を示す言葉として使われています。

活用例（隣接ペア）

A: How was my presentation, Chinatsu?

（千夏，ぼくの発表はどうだった？）

B: *You made it*, Yoshi!

A: *Thank you!* That's good to hear. 【85】

B: Yeah. Clear voice, nice smile and good eye contact. Ev-
erything was perfect.（すべて完璧だったよ）

A: Oh, that's too much.（え～，それは言い過ぎだよ）

B: No. I'm serious.（いいや，嘘じゃないよ）

A: OK. I trust you.（君を信用するよ）

関連表現

・You did it!（やったね！）【16 関連表現】

・Great to hear.（よかった）

・It went well.（うまくいったね）

・It worked out perfectly.（とてもうまくいきましたね）

87 | I'm so impressed with your speech.
あなたのスピーチに感心しました

■ ポイント

I'm so impressed with your speech. は，仲間のスピーチや発表などが，とてもすばらしくて，その感動や強く印象に残ったことを相手に伝えるためのプレハブ表現です。状況により，何がすばらしかったのかお互いに分かる場合には，単に，I'm so impressed. で十分にこちらの意図は伝わります。ただし，次の日に前日の活動について触れたりする場面などでは，何のことを言っているのかわからないこともあるので，'with your speech yesterday' と，具体的な内容を添えるとよいでしょう。

■ 活用例（隣接ペア）

A: 【発表が終わって】That's all.（終わります）Thank you.

B: Wow. *I'm so impressed with your speech*, Taka.

A: *Thank you for saying so*, Chizuru.【32 関連表現】

B: I'm so proud of you.【59】

A: I'm happy to be your friend, too.

　　（ぼくも君の友だちで良かったよ）

B: Same here.【80 活用例】

■ 関連表現

・I was so moved.（感動したわ）

・So impressed!（すごく良かった！）

・What a wonderful presentation!

　（何とすばらしい発表なの！）【55 59 73 を参照】

88

88 You're such a great English speaker.

あなたはとてもすばらしい英語話者ですね

ポイント

You're such a great English speaker. は，文字通りに，とても上手に英語を話す相手をほめるときに使用するプレハブ表現です。'such' は意味を強める働きをします。「such＋a＋形容詞（X）＋名詞（Y）」という形をとり，'such a beautiful day' や 'such a great time' など，様々な状況で使用できる表現になります。もちろん，'such nice pictures' の 'pictures' のように複数の名詞が使われることもあります。

活用例（隣接ペア）

A: *You're such a great English speaker*, Koji.

B: *Thank you so much.* You are one of my best partners, too.

A: Thanks.

B: All right. Let me find another partner.（次の相手を探します）

A: OK. See you around.【13 関連表現】

B: See you. Bye.

A: Bye.

関連表現

・Such a good student.（すごくいい生徒だね）

・Don't say such stupid things.（そんなばかなことは言わないで）

・You are good at English.（英語が上手だね）【32】

・Your English sounds beautiful.

（あなたの英語はすごくきれいですね）【64】

89

89 | Thank you for the compliment.
ほめてくれてありがとう

■ ポイント

Thank you for the compliment. は，ほめ言葉をかけられたことに対して，お礼を述べるためのプレハブ表現です。'compliment' とは，「お世辞」と解釈する場合もありますが，英語での対話では，物事をポジティブに捉える傾向があるので，英語でほめられた場合には，「いや，そんなことありませんよ，たいしたことではありませんよ」などとあまりネガティブに反応せず，相手のほめ言葉を素直に受け入れてお礼を述べるのが慣例です。

だからといって，日本的な謙遜の心を捨てなければならない，ということではありません。英語という言語で良好な人間関係を保つためには，ポジティブ・モードのほうが，むしろ都合が良いということです。

■ 活用例（隣接ペア）

A: *Your speech was awesome!*（スピーチすばらしかったよ）

B: *Thank you for the compliment.*

A: I'm so impressed. 【87】

B: I'm looking forward to yours.（君のも楽しみにしてるよ）

■ 関連表現

・Thank you for saying so / that.

　（そう言ってくれてありがとう）【32 関連表現】

・It's kind of you to say so.（そう言っていただきうれしいです）

・I appreciate that.（ありがとうございます）【少し硬い表現】

90 I understand how you feel.

気持ち分かりますよ

ポイント

I understand how you feel. は，仲間が何かに失敗したり，何か残念なことや悪いことがあったりしたときに，「あなたがどんな気持ちなのか私は理解していますよ」と，相手の悲しい気持ちに寄り添い，同情するために使用するプレハブ表現です。

これは，少し硬い表現です。【45 54 74】の同情表現も参考にしてください。

活用例（隣接ペア）

A: What's the matter with you, Mariko?【09】

B: *Well, I didn't do well …*（ん，うまくいかなかったよ）

A: That wasn't that bad.【77】 But *I understand how you feel.*

B: *You are very nice to me.*（あなたはとても私にやさしいのね）

A: Of course. You are one of my best friends, you know.【72】

B: Right.

A: I'm always with you.【39 活用例，47】

B: I'm always with you, too.（私もよ）

関連表現

・I understand your feeling.（あなたの気持ちわかります）

・That's too bad.（それは困ったね）【45】

・You poor thing.（かわいそうに）【54】

・I'm sorry to hear that.（それはお気の毒に）【74】

・I know how you feel.（君の気持ちわかるよ）

---

91 | **You deserve it.**
君はそれに見合う人ですよ

┃ ポイント

　You deserve it. は，仲間の誰かがスピーチコンテストなどで1
番になって，その人が謙遜して，「ぼくはそれほど良くはなかっ
たと思うけど」と言った場合に，「君は優勝してもおかしくない
よ，そのくらいレベルが高かったよ，君はそれだけの力がある
よ，君は優勝に値するよ」という，ほめの気持ちを伝える際に使
用するプレハブ表現です。'deserve' を文字通りに解釈すれば，
「人や事柄などが～する価値（権利）がある」という意味です。

　なお，状況によっては，「自業自得だよ」というネガティブな
意味になることがあるので注意しましょう。

┃ 活用例（隣接ペア）

A: Congratulations, Eri!

　　【16，恵理がスピーチコンテストで優勝】

B: *Hmm … I didn't do that good.*

　　（でもそれほど良くはなかったと思うけど）【77】

A: Don't say that. *You deserve it.*

B: *I still can't believe it.*（まだ信じられません）

A: I'll try my best to win next time.

　　（次はぼくが優勝できるように頑張るよ）

┃ 関連表現

・Congratulations!（おめでとう！）【16】

・You are the right person to get it.（君がもらって当然だよ）

92

PART

II

秩序だったやり取りと
規律ある集団を
維持管理するための

プレハブ表現

92 | Here!
はい！

ポイント

Here! は，「はい」「ここにいます（I'm here. の簡略形）」という意味で，点呼のときや誰かの姿が見えなくて，Takeshi, where are you?（武，どこ？）などと仲間が探している状況で，その返答として使われる表現です。

出席をとる際にも使われます。誰かが休みのときには Harue is absent! あるいは，単に Absent! と言えばよいでしょう。

活用例（隣接ペア）

A: Is everybody here?（皆いるかな）【集団で移動している】

B: … *Where is Tomoe?*（朋恵はどこ）【110 のポイントを参照】

C: *Here!*

B: Oh, here you are!（あ，いましたね）【Here he is. Here they are. のように人によって表現の形が異なります】

C: I'm slow, you know.【52 72】

B: Don't worry.【36】

関連表現

・I'm here!（はい）

・Yes!（はい）

・Present!（出席しています）

・Here, sir / ma'am!（はい）【硬い状況での点呼などで使用，相手が男性であれば 'sir' を，女性であれば 'ma'am' を使用】

・Azusa is absent.（梓は休みです）

93 | Are you ready?
準備はいいですか

ポイント

Are you ready? は，活動を始める前に準備ができているかどうか，活動を始めてよいかを相手に尋ねる表現です。

英語の授業を参観すると，What color do you like? などと唐突に相手に質問する場面をよく見かけます。Are you ready? は，取るに足らない表現ですが，対話の流れをスムーズにさせる重要な働きをします。普段の活動においても，相手がちゃんと準備ができているかどうかを確認する意味で，Are you ready? と一言声をかけてから始めたいものです。

活用例（隣接ペア）

A: All right. *Are you ready?*【開始の確認】

Ps: *Sure.*

A: Good. Who goes first?【18 35 36 43 56 64 活用例】

B: I do.【'I' に強勢（アクセント）を置く】

A: OK, Junko, go ahead.【21 関連表現】

B: This is my hometown, Kitagawa. …
　　【自分の町の紹介をする】

関連表現

・Ready?（いい？）【Are you ready? の簡略形】

・Ready to start?（始めていいですか）

・Get ready.（準備をしてください）

・Not yet.（まだです）【94】

94 | Not yet.
まだです

ポイント

Not yet は，何らかの作業が終わったかどうか仲間が（Are you finished? などと）尋ねてきた場合に，「まだ終わっていません，まだです」と返答するプレハブ表現です。

この表現は，Are you ready?（【93】）に対して，「まだです，ちょっと待って（I'm not ready yet.）」という状況でも使用します。

活用例（隣接ペア）

A: Let's try again.（もう一度やってみよう）

B: …【カードを並べ替えている】

A: *Are you finished, Toru?*

B: No, *not yet*. Please wait a second.（少し待ってください）

A: OK. Take your time.【44 52 活用例，19 関連表現】

B: Thanks.【02 80 89】

A: No problem.

B: 【カードを並べ終わる】All right. Now I'm done!

A: Shall we?（さあ始めようか）【Shall we begin? あるいは Let's get started, shall we? の簡略形】

関連表現

・No, not yet.（いいえ，まだです）

・Wait, please.（待ってください）【96】

・Not quite.（もうちょっとです）

・Almost there!（もう少し！）【14 関連表現】

95 Hurry up, please!

急いでください

ポイント

Hurry up, please! は，作業が遅い仲間に「急いでください」と行動を促すためのプレハブ表現です。

集団で活動する際には，どうしても作業が遅い人がいるものです。ある程度は待ってあげるのもよいですが，活動終了の時間が迫っているときには，スピードアップを促すことも必要でしょう。そのような場合には，Please hurry up! のように 'please' を発話の前か，Hurry up, please! のように，末尾に付ければ丁寧度が上がって相手の面子をつぶさずにすみます。

活用例 (隣接ペア)

A: We have only five minutes left. (残り時間はあと5分です)

B: *Oh, no.*

A: Kozue, *hurry up, please*!

C: *I'm doing my best.* 【44 活用例】

B: All right.

関連表現

・Be quick / Quick! (急げ)【くだけた表現】

・No hurry. (急がなくていいよ)

・There's no hurry. (急ぐ必要はないよ)

・Take your time. (ゆっくりやってね／あせらなくていいから)

　【19 関連表現】

・There is no rush. (急がなくてもいいですよ)

96 Wait, please.
待ってください

ポイント

　Wait, please. は，作業が遅れていて少し待ってほしい場面で使用するプレハブ表現です。「少し待ってください」という場合の「少し」に当たる表現は，Wait a minute, please. と言ったり，Wait a second, please. と言ったりするように，'minute'（分）あるいは 'second'（秒）を使います。「少し待ってください」という意味を伝える場合，さすがに Wait an hour, please. のように，'hour'（時）を使う表現は聞いたことがありません。

活用例（隣接ペア）

A: *Done?*（終わりましたか）

B: *Wait, please.*

A: Of course.【願いを受け入れる相づち】

B: Thank you, Toshio.【02】

A: Sure.　No problem.【05 関連表現】

B: … Now I'm through.（今終わったよ）

関連表現

・Please wait a second.（ちょっと待ってください）

・Just a minute.（ちょっと待ってください）

・Won't take a minute.（すぐにできるから待ってください）

・Give me a second / minute.（ちょっと待ってください）

・Hold on, please.（ちょっと待ってください）

　【電話を取り次ぐとき】

97 | I'm finished.
終わりました

ポイント

I'm finished. は，何かの活動が終わったことを仲間に伝える
ために使用するプレハブ表現です。

終わったことの内容を具体的に話す場合には，I've finished
〜 ing. という表現パターンを使います。下の関連表現を参照し
てください。

ビデオ映像や音声データを視聴しているときに，ストーリーな
どが一区切り終わったときには，It's done. It's finished. It's
over. のように文頭では 'It's' を使います。

活用例（隣接ペア）

A: *It's time!*（時間だよ）【111】 *Toru?*

B: Yes, *I'm finished.*

A: Good.

B: What's next?（次は何でしたか）【252】 Do you know?

A: Well, I'm not sure. Let's ask Ms. Nasu about it. 【22】

B: All right.

関連表現

・I'm through.（終わりました）

・Done / I'm done.（終わった／終わりました）

・I've finished painting.（色を塗り終わりました）

・It's done.（終わりました（ビデオ映像などが）／完了しました）

・School is over.（学校が終わりました）

98 | Stop it, please.
やめてください

■ ポイント

　Stop it, please. は，仲間に何かをやめてもらいたいときに使用するプレハブ表現です。そのときの状況によって 'it' が示す内容は変わります。例えば，誰かが話しているときは，「話をやめてください」という意味に，唇をいじったりする癖のある子どもに対して，親や祖父母らが Stop it. と言えば，「唇をいじるのをやめなさい」というような意味になるでしょう。

　やめてほしい内容を具体的に言う場合には，下の関連表現の Stop talking, please. (話をやめてください) のように，'it' の代わりに，「動詞＋-ing」の形を使います。

■ 活用例 (隣接ペア)

　A:　OK, it's time! (では，時間ですよ)

　Ps:　…【まだおしゃべりをしている】

　A:　*Stop it, please.*

　B:　*Oh, I'm sorry, Ken.*

　A:　Time to start. (始める時間だよ)

　C:　All right.

■ 関連表現

・Stop it! (やめて！)【くだけた表現】

・Stop talking, please. (話をやめてください)

・Quit it! (やめろ！)【くだけた表現】

・Quit talking! (話をやめて)

99 After you.
お先にどうぞ

■ ポイント

After you. は，2人での対話で，自分は後からでよい，相手から先に始めてもよい，と相手に申し出るために使用するプレハブ表現です。ペアやグループでの活動などでは，誰から始めるか，いつも話題になるはずです。そんなときに，下に例示した関連表現も含めて，このようなプレハブ表現が自然に口をついて出てくるようにしたいものです。

なお，この After you. という表現は，ドアや扉の前で他の人と一緒になった場合にも，「お先にどうぞ」という意味でもよく使われます。

■ 活用例（隣接ペア）

A: *Now who goes first?*（誰から始めますか）

B: *After you.*

A: All right.【スピーチのリハーサルを始める】

B:【朋恵のリハーサルが終わる】Good job, Tomoe. Now it's my turn.（今度はぼくの番だね）【42 活用例】

A: Yes, go ahead, Aki.

■ 関連表現

・Go ahead.（どうぞ（進めて））

・You go first.（君から先にどうぞ）【35 56 活用例】

・Girls first.（女子からどうぞ）

・You first.（あなたからどうぞ）

100 | Now I got it!
ああ, わかった!

ポイント

Now I got it! は, 何かを推測したり, 当てたりする際に, ようやく理解できた, わかったときに使用するプレハブ表現です。Got it? と上昇調で疑問形にすると, 相手が理解できたかどうかを尋ねる表現になります。

英語で活動の手順などを説明されると戸惑ったりする場面もあるでしょう。相手の様子を見て, Got it? のような一言をかけてあげたり, 自分が理解できたときには, I got it! と叫んだりすることで, 活動が大きく前に進む場合もあります。

活用例（隣接ペア）

A: Do you know the answer?
　　（答えがわかりますか）【動物当てゲーム】

B: Give us a hint, please. (ヒントをください)

A: All right. They live in Africa.

B: Hmm … *Now I got it!*

A: *OK, Tomoe. Try!*

B: It's a lion. Right?

関連表現

・Got it! (わかった！)【相手に理解したことを示す】

・I have no idea. (私にはわかりません)【224】

・I'm sorry. I don't get it. (すみません, わかりません)

101 | It's my turn.

ぼくの番だ

ポイント

It's my turn. は，交替で活動する状況で自分の順番であることを相手に告げる表現です。黙って活動を進めるのではなく，どちらの番であるかをきちんと言葉で確認して活動を進めるのは大切なことです。

活動の内容などを具体的に示す場合には，後に 'to talk' や 'to take a card' をつけて It's my turn to talk. It's my turn to take a card. などと表現します。

活用例（隣接ペア）

A: Are you ready, Rikako?

B: Yes. *It's my turn.*

A: *Go ahead.*

B: I want to go to Italy … because I like pizza and …

　　【行ってみたい国や地域について話を続ける】

A: Well done, Rikako. 【04】

B: Thank you. Now it's your turn, Ryo-kun.

A: OK. I want to go to Egypt because I want to see Pyramids.

関連表現

・My turn. (ぼくの番ね)【くだけた表現】

・Your turn. (君の番ね)【くだけた表現】

・Hiroshi's turn. (博の番だよ)

・Whose turn is it? (誰の番ですか)

102 Let me try.
ぼくにさせて

ポイント

Let me try. は、「私にやらせてください，私にさせて」と，自主的に何かに挑戦したり，答えを言わせてほしいときに使用するプレハブ表現です。教師が，発問をした際に，「はい！」と挙手する場面を想像してください。「はい！」の代わりになる，英語の言葉が Let me try. と考えればよいでしょう。

なお，関連表現にあるように，「はい！」に対応する表現としては，I do. (Does anyone know the answer?（誰か答えが分かる人はいますか）)，I can. (Can anyone guess?（推測できる人は）) などでも応じることができます。

活用例（隣接ペア）

T1: *Anyone?*（誰かいませんか）【DVD の音声について】

A: *Let me try.*

T1: OK, Goro. You try.

A: I can hear … 'If I were a bird … '.【55 活用例】

T1: Good! Right, everyone?

関連表現

・Let me have a try.（わたしにやらせてください）

・I do / can / am / will / did / was!（はい！）

　【疑問文の形式に応じて末尾の語は異なります】

・Me, me!（はい！ はい！）

・Pick me!（はい）【自分を当てて】

103 It's not fair!

それはずるいよ

ポイント

It's not fair. は，何か競い合うゲームをしているときに，「それは不公平だよ，それはずるいよ」と，誰かがルール違反をしたときに使用するプレハブ表現です。

これまでの小学校での英語活動では，英語音や英語表現に慣れ親しませることが主たる目標だったので，競わせるゲームなどを取り入れて盛り上げることが多かったように思います。しかし，これからは，楽しい英語といっても，英語という言葉を使って人間的に交流できることが主たる目標になるので，活動内容も工夫していく必要があります。

活用例（隣接ペア）

A: Takumi, your turn. 【101 関連表現】

B: All right. …【見てはいけないカードを見てしまう】

A: No, no! *Takumi, you can't do that!* （巧，それをやっちゃだめでしょう）

C: *It's not fair!*

B: *I'm sorry.* I won't do it again. （もうやらないから）

A: Of course, you can't!

関連表現

・Not fair. （ずるい）【くだけた表現】

・It's cheating. （それはインチキだ）

・You're sneaky. （ずるいよ）

104 | Are you through?
終わりましたか

ポイント

Are you through? は，与えられた作業や活動が終わったかどうかを仲間に確認するためのプレハブ表現です（【97】）。'through' という語（形容詞）は，もともと「通り抜ける」という意味で，そこから転じて作業などを「終えて」となったものです。

「スルーして」という日本語を聞くことがありますが，これは，「あなたの目の前を通り抜けるように，このことは気にしないで無視して」という意味です。

活用例（隣接ペア）

A: *Are you through*, Toshi?

B: *Not yet.*【94】 *Wait a second, please.*【96】

A: All right. Take your time.【132】

B: Thank you. …【19 52 活用例】 Okay! *Now I'm through.*【97】

A: Good. Let's begin then.（じゃあ，始めましょう）

B: Yes, let's.

A: Toshi, pick up one animal.（俊君，動物を1つ選んで）

B: All right.

関連表現

・Through?（終わった）【くだけた表現】

・Are you finished?（終わりましたか）【97】

・Done?（終わったかい）【くだけた表現】

・Finished?（終わったかい）【くだけた表現】

105 Try again!

もう一度やってごらん

■ ポイント

Try again! は，仲間が発表などで，あまりうまくできなかったときに，「もう一度試してごらん，もう一度やってごらん」と，再度，挑戦するように促すためのプレハブ表現です。

外国語で発表したり，対話したりするのは緊張するものです。失敗で終わらせるのではなく，発表のチャンスは一度だけではないよ，という雰囲気の中で活動を行わせたいものです。

■ 活用例（隣接ペア）

A: Your turn, Momoka. 【101 関連表現】

B: All right. This is my hero. My father is a … 【父親の写真をもって話し始めたが途中でつまって】

A: Be confident, Momoka. 【40】 *Try again!*

B: *All right.* This is my hero. My father is a bank manager. He works very hard every day. But he plays badminton with me on Sunday. I like him very much.

■ 関連表現

・Do it again! (もう一度やってごらん)【少し強い表現】

・Just have a try. (さあ，やってごらん)

・Why don't you try again? (もう一度やってみてはどうですか)【少し硬い表現】

・Give it a try. (試してごらん)

・It's worth a try. (試してみる価値はあるよ)

107

106 | Let's get started.
さあ, 始めましょう

■ ポイント

　Let's get started. は,「さあ, 始めましょう」と仲間に活動の開始を促すために口語ではよく使用されるプレハブ表現です (**13 21 27 35 46 52 60** 活用例)。

　'get' の後に形容詞 (特定の状態) がくる表現です。'get started' は, 'started' の状態になるという意味なので,「始める状態になる」から転じて「始めましょう」という意味になりました。'get ready' (用意する), 'get interested' (興味を持つ), 'get better' (よくなる), 'get nervous' (緊張する, 不安になる) もこの形式パターンの例です。

■ 活用例 (隣接ペア)

A: Hi, Haruka. How are you?

B: Hi, Nana. I'm OK. *Let's get started.*

A: *Yes, let's.*【促しに応諾するための相づち】

B: Can you play the piano?

A: Uh-huh. (うん)【[ʌhʌ], 肯定・同意を表す】

B: Wow. That's nice.

A: I love music. How about you, Haruka?【対話をつなぐ質問】

■ 関連表現

・Let's begin! (始めましょう)

・Let's start! (始めましょう)

・Shall we (begin)? (始めましょうか)【168】

107 Can I go to the bathroom?

お手洗いに行ってきてもいいですか

ポイント

Can I go to the bathroom? は，トイレ，お手洗い（化粧室）に行ってきてもよいかを尋ねるプレハブ表現です。下の関連表現に例示しましたが，お手洗い・トイレに相当する英語は，'bathroom' 'restroom' 'toilet' 'washroom' などがあります。

「お手洗い」というのは，公共の施設か自宅かなどによって，シャワーや浴槽があったりなかったり，と微妙に異なりますが，これらのどの語を選択しても基本的には問題はないでしょう。

アメリカの学校などでは，授業中にトイレに行くことは基本的には許可されません。「なぜ休み時間に行ってこなかったの」と諌められることが多いです。学校のルールや約束事は国や地域によっても異なります。

活用例（隣接ペア）

A: Excuse me, Ms. Takahashi.

【11, 先生に話しかけるときの呼びかけ表現】

T1: Yes. What's the matter, Rumi?【09 関連表現, 26】

A: *Can I go to the bathroom?*

T1: *Sure. Go ahead.*

A: Thank you.

関連表現

・Can I go to the restroom?（トイレに行ってきてもいいですか）

・Can I go to the toilet?（トイレに行ってきてもいいですか）

109

108 | Listen, please.
聞いてください

ポイント

Listen, please. は，何かについて説明したり，紹介したりしたいと思っているときに，仲間の注意を引いて，「お知らせがあります，聞いてください，こちらに注目してください」と注意を引くために使用するプレハブ表現です。

特定の人に注目してもらいたいときには（関連表現），Listen to me, please. とか Listen to Tomoe, please. のように，'listen' の後に 'to' を付けて注目してもらいたい人を表します。

活用例（隣接ペア）

A: I went shopping last Sunday. And …
【先週の日曜日のことについて話している】

B: *Listen, please.*【聞いていない人が多いのを見かねて】

C: *All right.*

B: Toshi's talking now. (俊君が今話しているよ)

D: *Sorry. Go on, Toshi.* (俊君，続けて)【113】

A: Thank you, Goro. After that, I went fishing with my father. We caught 15 fish in the river. (川で15匹釣れました)

関連表現

・Listen to me, please. (ぼくの話を聞いてください)

・Attention, please. (こちらに注目してください)

・May I have your attention, please? (皆様にお知らせがあります)
【アナウンサーや司会者などが使う言葉】

109 | Where is your bag?
あなたのカバンはどこですか

ポイント

Where is your bag? は，仲間のカバンのある場所について尋ねるためのプレハブ表現です。'Where is your bag? の 'bag' の場所に様々な物を代入することによって，教室にあるものはもちろんのこと，自宅や校外など，教室以外の様々な場所において誰かの所有物の所在について尋ねることができます。

活用例（隣接ペア）

A: Can I use your ruler? (定規を使ってもいいですか)

B: Sure. It's in my bag. (ぼくのカバンの中にあるよ)

A: Can I go (and) get it? (取ってきてもいいですか)【口語では 'and' が省略されることが多い，**122 156**】

B: Of course.

A: *Where is your bag?*

B: *It's over there.* 【110】

A: The red one? (赤いの？)

B: Yes, that's mine.

A: Thank you.

関連表現

・Where is your textbook? (あなたの教科書はどこですか)

・Where is your card? (君のカードはどこですか)

・Where is your house? (あなたの家はどこですか)

・Where is Tomoe's pen case? (朋恵の筆箱はどこですか)

110 | It's over there.
あそこにあります

ポイント

It's over there. は，Where is your book? などと問われて，少し遠くにある物に視線を送ったり，指を差したりして，「あそこにあります」と，物の所在を相手に示すために使用するプレハブ表現です。

具体的な場所を示す場合には，'in' 'on' 'under' 'by' 'near' などの前置詞を使って，It's in the box. It's on the table. It's by the window. It's near the chair. などと表現します。もちろん，物が複数ある場合には，They are in the bag. のように主語と動詞の形が変わります。

また，Where is Yoshiko? のように，人の居場所を問われた場合にも She is over there. と，このプレハブ表現を応用することができます。

活用例 (隣接ペア)

A: *Where is our poster?* (ぼくらのポスターはどこですか)【109】

B: *It's over there.*

A: *OK. I'll get it.* (もってくるよ)【= I'll go get it. 109 活用例】

B: *Thanks.*

関連表現

・It's there in the box. (そこの箱の中にあります)

・They are under the table. (テーブルの下にあります)

・He's back there. (彼は後ろにいます)

112

111 | It's time.
時間です

ポイント

It's time. は，決められた時間がきたことを仲間に知らせるために使用するプレハブ表現です。

関連表現に示したように，具体的な行動を示す場合には，It's time to stop talking.（話を止める時間です）のように，'to'＋動詞句で表現したり，It's time for lunch.（昼食の時間です）のように，'for'＋名詞句で表現したりします。

活用例（隣接ペア）

A: Are you ready?　*It's time.*【ペアでの発表の時間がきた】

B: *Really?　Time flies.*（時間が過ぎるのは早いね）【諺】

A: That's right.　Let's go! …【2人は発表の場に移動する】

B: Hello, everyone.　We're going to show you our skit.

A: Hello.　I'm Takato.　I love surfing very much. …（サーフィンが大好きです）

B: I'm Hiroko.　We're talking about shrines in Miyazaki.（宮崎の神社について話しています）

関連表現

・It's about time.（そろそろ時間です）

・Time is up / over.（時間がきました）

・It's time to make our presentation.

　（自分たちの発表をする時間です）

・It's time for sharing our answers.（答え合わせの時間です）

112　More slowly, please.

もう少しゆっくりお願いします

▌ポイント

　More slowly, please. は，相手の話すスピードが速くて，聞き取りづらいときに，「もう少しゆっくり話してください」とお願いするために使用するプレハブ表現です。

　日本人は，相手の話すことが理解できていない状況でも，聞き返したり，もっとゆっくり話してもらったりお願いするのは失礼になると遠慮することが多いようです。でも，相手の言っていることが聞き取れないと対話を円滑に進めることは困難です。もっとゆっくり話してほしい場合には，遠慮せず，このプレハブ表現を発する勇気を持つことが大切です。

▌活用例（隣接ペア）

A: I want to go to France because I … 【早口でしゃべる】

B: Excuse me. 【11, 下降調↘で】

A: Yes.

B: You talk too fast. *More slowly, please.*

A: *Oh, OK.*

B: Thank you.

▌関連表現

・Slowly, please. （ゆっくりお願いします）【くだけた表現】

・Speak more slowly, please. （もう少しゆっくり話してください）

・Could you speak more slowly? （もう少しゆっくり話していただけませんか）【丁寧な表現, 166】

113 | Go on!

続けて

ポイント

Go on! は，相手が話をしたり，何か行動をしたりしている途中で，何らかの理由からやめようとした場面で，「やめなくていいよ，そのまま続けて」と，継続を促すプレハブ表現です。

具体的な行動を示して継続を促す場合には，Go on talking. (そのまま話し続けて) のように，'Go on' の後に，動詞句（動詞＋-ing）を続けて表現します。

活用例（隣接ペア）

A: Tell us about your summer vacation.

B: OK. I had a wonderful time this summer. I went camping with my family. And we … 【ためらって話を中止する】

A: *Go on*, Satoshi!

B: *All right.* And we enjoyed fishing in the river. The water was beautiful. We caught many fish for dinner. I enjoyed this summer very much. Thank you!

A: Wow! Nice!

関連表現

・Keep (on) talking. (そのまま話を続けて)

・Don't stop talking. (話をやめないで)

・Carry on. (続けて)

・Let's move on to the next activity. (次の活動に進みましょう)

【248 活用例】

114 | Let me in.
私も入れてください

■ ポイント

　複数の人が活動している場面で自分も仲間に加えてもらいたいときがあるものです。Let me in. は，そのような場合に，「私も入れて下さい，仲間に入れてください」と，依頼するために使用するプレハブ表現です。

　英語の学習というのは，何と言っても仲間と交わることが多い活動です。しかし，交わる相手を探したり，仲間に入れてもらいたいと思っても，何と声をかけてよいかためらうこともあるでしょう。そのような場面で，Let me in. や Can I join you? と相手に声をかけると非礼なく交わることができます。

■ 活用例（隣接ペア）

A: Oh, do you? That's wonderful! 【A と B がスモールトーク】

C: …【2 人の中に入ろうかどうかためらっている】 Excuse me. 【11】 *Let me in*, please.

B: *Sure, join us, Ai!*（もちろん，愛ちゃん，入って）

C: Thank you, Yo-kun.

A: We're more than happy!（喜んで！）

■ 関連表現

・Can I join you?（私も入れてもらっていいですか）

・I want to join you.（私も仲間に入れてもらいたいのですが）

・Count me in.（私も加えて／メンバーの数に入れて）

・Add me in, please.（私も加えてください）

115 | No fooling around, please.

ふざけないでください

ポイント

No fooling around, please. は，ふざけすぎている人に忠告するために使用するプレハブ表現です。

英語の学習はとても楽しいものです。しかし，楽しいこととふざけることは紙一重で，一線を超えてしまうと場は無秩序状態になってしまうことがあります。そのような状態になる危険性を感じたら，No fooling around, please. などとお互いに声をかけ合って秩序を保って活動を続けたいものです。

活用例（隣接ペア）

A: Wow! You are crazy! … 【仲間とふざけている】

C: Oh, come on!

B: *No fooling around, please,* Tadashi!

A: *Oh, I'm sorry.*

B: Let's have fun, but we shouldn't fool around.
（楽しみましょう，でもふざけちゃいけないよ）

A: You're right.（君の言う通りです）

関連表現

・Don't!（やめて！）【くだけた表現】

・Stop it, please.（もうやめてください）【98】

・Don't fool around, please.（ふざけないでください）

・Stop fooling around, please.（ふざけるのはやめてください）

・Behave yourself.（ちゃんと（行儀よく）して）

116 Be quiet, please.
静かにしてください

ポイント

Be quiet, please. は，次の活動に移ろうとしているときに，ま
だ話をやめない相手に対して，「静かにしてください，話をやめ
てください」と，注意するときに使用するプレハブ表現です。

'quiet' というのは，音のない静かな状態を表す語です。反対語
は 'noisy'（騒々しい）です。したがって，Be quiet. というのは，
文字通りの「音のない状態でいなさい」から「静かにしなさい」
という意味に転じた表現です。

活用例（隣接ペア）

A: *Be quiet, please*. Rino wants to say something.
　（理乃が言いたいことがあるようです）

C: *Oh, sorry.*

A: Go ahead, Rino.

B: Thank you, Kimiko. Goro's idea is nice, but it's hard to
do.（五郎の考えはいいのだけれど，実行するのは難しいのでは）

A: Ah, that's a good point.（あ〜，いいポイントだね）

C: I agree with Rino.（理乃に賛成です）

関連表現

・Quiet, please.（静かに）【くだけた表現，146 関連表現】

・Could you be quiet, please?（静かにしてくださいませんか）

・Keep quiet, please.（静かにしていてください）

・Stop talking, please.（話をやめてくれますか）【146】

117 | May I use your pencil?

鉛筆を借りてもいいですか

■ ポイント

相手の文房具類（stationery）を使わせてもらいたいときがある
ものです。May I use your pencil? は，そのような場面で使用す
るプレハブ表現です。文頭は 'Can' でも同じ意図を伝えることが
できます。たとえ親しい友だちであっても，このような言葉を一
言かけて許可をもらってから使用するのが基本マナーです。

'color pen' 'ruler' 'dictionary' 'eraser' 'glue' など，'pencil'
の所に代入するといろいろな状況で使用できる表現です。

■ 活用例（隣接ペア）

A: Oh, no. 【鉛筆の芯が折れる】 *May I use your pencil?*

B: *Sure. Here you are.*

A: Thank you. … Oh, it's nice. 【鉛筆がすごく書きやすいので】

B: Is it?

A: Yes. Very easy to write with. （すごく書きやすいです）

B: Nice to hear. （うれしいです）【56】

A: I should buy one, too. （私も 1 本買わなきゃ） Where can I
get it? （どこで買えますか）

■ 関連表現

・Can I use your eraser? （消しゴムを借りてもいいですか）

・Can I? 【借りたいものを指して】（いい？）【くだけた表現】

・Do you mind if I use your dictionary? （あなたの辞書を借りて
もよろしいでしょうか）【かなり丁寧な表現】

118　Don't interrupt, please.

割り込まないでください

ポイント

Don't interrupt, please. は，対話中に誰かが割り込んできた状況で，「遮らないで，邪魔をしないで，割り込まないで」と，少し待つように依頼するために使用するプレハブ表現です。

英語での対話の場合，話の割り込みはタイミングが悪いとあまり良い印象を相手に与えません。一方の人の話が終了した時点や目と目が合って話が一時的に中断しているような場合に割り込んでいくとよいでしょう。

活用例（隣接ペア）

A: Your story is interesting.

B: Oh, is it?【相づち】

C: What is it about?（どんな話ですか）【A・B が話しているところに C が割り込んでくる】

A: *Don't interrupt, please.* We're still talking.

C: *Sorry about that.*（ごめんなさい）

B: That's all right. We'll be finished soon.（すぐ終わります）

C: Thank you.

関連表現

・Do not disturb.（邪魔をしないでください／起こさないでください）
【ホテルの客室の掲示】

・Sorry to interrupt you, but …（話を遮って悪いのですが）

・Wait a second.（ちょっと待ってください）【96】

Who goes first?

誰から始めますか

ポイント

Who goes first? は，誰から始めるか，誰が口火を切るかを問うために使用するプレハブ表現です。直訳すると「誰が最初に行きますか」ということです。日本人同士の対話を観察していると，「誰から始める？」と日本語でつぶやいている場面をよく見かけます。そんなときに，このように簡単な英語表現を使って，発表順や活動の進め方などについても英語でやり取りができる日本人を育てていきたいものです。

自分から始めたい場面では，Let me go first. (【18 活用例】) Can I go first? (【21 活用例】) などを，相手から始めてもらいたい場面では，You can go first. (【147】) などを使用します。

活用例 (隣接ペア)

A: *Who goes first?*

B: *Let me go first.* (ぼくから始めさせて)【18 活用例】

A: Go ahead, Satoshi.

B: Thank you. I want to get a job in America because …
    (私はアメリカで仕事に就きたいです。その理由は…)

A: Wow! What a dream! (すごい夢だね！)

関連表現

・You go first. (君からどうぞ)【99 関連表現】

・I'll go first. (私から始めます)

・Who goes next? (次は誰がやりますか)

120 | Who's next?
次は誰ですか

ポイント

Who's next? も，Who goes first?（【119】）と同様に，発表や発話の順番を確認するときに使用するプレハブ表現です。

自分がやってもよいかどうかを尋ねる場合には，Can I go next? を使用します。Who's（Who is）next? に答える場合は I am.「私です」（'I' を多少強く発音）が適当です。

活用例（隣接ペア）

A: *Who's next?*

C: *I am.*

A: All right, Toshihiko. Go ahead.

C: Well, just a minute, please. 【96】 … Now I'll tell you about my dream. I want to be a photographer.（私は写真家になりたいです）I like taking pictures. I want to go to Africa to take pictures of wild animals. This is my dream. Thank you.【自分の将来の夢を語る】

A: Interesting, Toshihiko. Very interesting!

B: Let's give him a big hand!（彼に大きな拍手を送りましょう！）

関連表現

・Who is the next speaker?（次の発表者は誰ですか）

・Who is going to speak next?（次は誰が発表しますか）

・Who goes next?（次は誰ですか）【119 関連表現】

・I am.（ぼくです）【Who goes next? の応答は，I do.】

121 | Me neither.
私もです

ポイント

　相手の発言に対して，「自分もです」と同意を表明するために相づちを打つ場面があります。Me too. をよく耳にしますが，実は注意したいポイントがあるのです。Me too. は，相手の肯定的な発話を受けて「〜もまた…です」という状況で使用されるのですが，「〜もまた…ない」という否定的な発話が先行する状況では Me neither. が使用されるのです。肯定的な内容の場合には 'too' を，否定的な内容の場合には 'neither' を使うことに注意しましょう。

活用例（隣接ペア）

A: *I don't like snakes.*

B: *Me neither.*（私もです，私も嫌いです）

A: How about you, Ami?

関連表現

・Me too.（私もです）【肯定的な内容に対する相づち】

・Me either.（私もです）【Me neither. のほうが一般的】

・I think so, too.（私もそう思います）【207】

・I don't think so, either.（私もそう思いません）【233】

・Neither do I.（私も好きではないです）【相手の I don't like coffee. という否定的発話に応じる表現，語順に注意しましょう】

・So do I.（私も好きです）【相手の I like coffee. という肯定的発話に応じる表現，この場合も語順に注意しましょう】

122 | Can I go get some water?
水を飲んできてもいいですか

■ ポイント

　対話中に喉の調子が悪くなったり，体調に異変を感じることも
あるでしょう。どうしても水が欲しいときには，Can I go get
some water?（【109】活用例，【156】）と相手などに告げて許可をも
らって水を飲みに行くとよいでしょう。

　関連表現にあるように，‘May I ～?’（【117】）と同様に，この
‘Can I ～?’ という表現も，何かの許可を求めるために様々な場面
で使用できる表現です。

■ 活用例（隣接ペア）

A: Excuse me.【対話を開く呼びかけ表現】 I'm so thirsty.（すご
　　く喉が乾きました） *Can I go get some water?*

B: *Sure. Go ahead.*（どうぞ）

A: Thank you.

B: How are you?【体調を気遣う表現，01 のポイントを参照】

A: Yeah, I'm just thirsty. Thank you for your concern.（心
　　配してくれてありがとう）

B: Uh-huh.【106 活用例，Uh-uh [ʔʌʔʌ] は否定・不同意を表す】

■ 関連表現

・Can I go to the bathroom?（トイレに行ってきてもいいですか）

・Can I go to the school nurse?（保健室に行ってきてもいいですか）

・Can I go wash my hands?（手を洗ってきてもいいですか）

123 | My stomach is upset.
お腹の調子が悪いです

ポイント

お腹の調子が悪くなったときに,「お腹の具合が悪いです,お腹が痛いです,トイレに行ってきてもいいですか」と,相手に体調の異変を訴える場面があります。この表現は,トイレに行く許可を求める前触れ表現として使用するプレハブ表現です。

'upset' という語は,「取り乱して,うろたえて,あわてふためいて,機嫌が悪い」と,人の心の状態を表すことが多いのですが,My stomach is upset. は文字通りに解釈すれば,「私のお腹はご機嫌ななめです」という意味ですが,それが転じて,「お腹の具合が悪い」という意味を表します。

活用例（隣接ペア）

A: Can I go to the bathroom?

B: What's wrong with you, Hitomi?【09 関連表現】

A: Well, *my stomach is upset.*

B: *Oh, that's too bad.*【45】

A: But I'll be all right.（でも,だいじょうぶだと思うわ）

B: Can you go there by yourself?（一人で行けますか）

関連表現

・My stomach doesn't feel good.（胃の調子が悪いです）

・Something is wrong with my stomach.
（何かお腹の調子がおかしいです）

・My stomach feels a little bad.（お腹の調子が少し悪いです）

124 I have a headache.
頭が痛いです

ポイント

I have a headache. は，対話中に「頭痛がして，頭が痛くて，休憩室に行ってもいいですか」と，相手に休憩室などに行く許可を求める際に使用するプレハブ表現です。

'headache' という語は，'head'（頭）＋ 'ache'（痛み）からなる合成語で，'toothache'（歯痛）など，'head' の所に身体の部位を入れると，そこに痛みを感じて不調です，と訴えるために使えるプレハブ表現です。

活用例（隣接ペア）

A: You don't look so well. What's the matter? 【26】

B: Hmm, *I have a headache.*

A: *Oh, no.*

B: Well, I feel a slight pain, but I'm feeling better.（えっと，少し痛みを感じますが，でも良くなっています）Thank you.

A: Are you sure? You should go see a doctor.（お医者さんに看てもらったほうがいいよ）【'go see' の表現は 109 活用例を参照】

関連表現

・I have a stomachache.（お腹が痛いです）【123】

・My head aches.（頭が痛いです）

　【'ache' は，「痛む」という動詞】

・I have a thick head.（頭痛がします）【'thick' は，「重い」の意】

・I feel bad.（気分が悪いです／吐き気がします）

125 | Come with me.

ぼくと一緒にきて

Come with me. は，相手に物や場所を示したいとき，「ついてきて，こっちにきて，一緒にきて，ぼくと一緒にきて」と，誘導するために使用するフレパブ表現です。

丁寧に表現する場合には，'Please' や 'Could you' 'Can you' 'I want you to' などの表現を前に付けて，Please come with me. Could you come with me? Can you come with me? I want you to come with me. とするとよいでしょう。

活用例（隣接ペア）

A: Where are the picture books? (その絵本はどこですか)

B: Over there. 【110】 *Come with me.*

A: *All right. …*【ついていく】

B: Here they are. (ここだよ)

A: Uh-huh. Four, right? Let me take them with me. (ぼくがもっていくよ)

B: Yes, thank you.

関連表現

・Come with me, will you? (一緒にきてくれますか)

・Come along with me. (私と一緒にきて)

・Follow me. (ぼくについてきて)

・Come together, please. (一緒にきてください)

・This way, please. (こっちです)

126 | Pass me the book, please.
その本を取ってください

ポイント

仲間の近くにある物に手を長く伸ばして取るのは，あまり良い
マナーではありません。そのような場合には，無理して自分で取
ろうとするよりは，遠慮せずに Pass me the book, please. と，
近くにいる人に取ってもらうほうがマナーにかなっています。

この表現パターンは，Pass (me) the salt, please.（塩を取って
ください）のように，食卓においてもよく使用されるプレハブ表
現です。

活用例（隣接ペア）

A: OK. Let's read the story together.

（一緒に物語を読みましょう）

B: Yes, let's.【106 活用例を参照】 *Pass me the book, please.*

A: *Sure. Here you are.*

B: Thank you.

A: Well, can I go first?【21 活用例】

B: Sure. Go ahead.

関連表現

・Pass the scissors, please.（ハサミを取ってください）

・Can you get that for me, please?（あれを取ってもらえますか）

・Give me the pen, please.（ペンを取ってください）

・Please hand me the ruler.（定規を取ってください）

127 | Here we go.

ああ, ここだ

■ ポイント

Here we go. は, 仲間と一緒に何かを始めるときや一緒に探していた物が見つかったときに,「さあ, 始めるよ,」「いち, にいーの, さん, それ!」や「ああ, ここだ」「ああ, ここにあった」と発するプレハブ表現です。

関連表現にあるように, 物が見つかったときには, Here it is. と, 探していた人が見つかったときには, Here you are. とも表現します。

■ 活用例 (隣接ペア)

A: Are you ready? 【93】

B: Yes. Where is the worksheet? (でも, ワークシートはどこ?)

A: I don't know. (ぼくは知らないよ)

C: Oh, *here we go.* 【本の下にワークシートがあった】

B: *Great!*

A: Shall we? 【106 関連表現, 168】

C: Yes, let's begin.

B: What color do we choose for this part?

(ここ部分には何色がいい?)

A: Well, how about black? (えっと, 黒はどう?)

■ 関連表現

・Ah, here it is. (ああ, ここにあった)

・Here you are. (ここにいたんだ)

128 Let's play janken.
ジャンケンをしよう

ポイント

　活動の順番を決める場面があります。Let's play janken. は，そのような場合によく使用されるプレハブ表現です。Let's janken. と，'janken' を動詞的に使用することも可能です。

　日本語のジャンケンは，「グー・チョキ・パー」の順ですが，英語では，Rock（グー／岩）・Paper（パー／紙）・Scissors（チョキ／ハサミ）の順です。英語でのかけ声として一般的なのは，Rock-Paper-Scissors, One, Two, Three!（あいこ）One, Two, Three! です。

活用例（隣接ペア）

A: Now how do we decide the order?
（さて，順番はどうやって決めますか）

B: *Let's play janken.*

C: *OK.*

Ps: Rock-Paper-Scissors, One, Two, Three.【あいこ】　One, Two, Three.【D が勝利】

D: I won!（私が勝った）I'll go first.

関連表現

・Let's do janken.（ジャンケンをしよう）

・Let's janken!（ジャンケンしよう）

・Let's play (do) rock-paper-scissors.（ジャンケンをしよう）

・Let's toss a coin.【コインの裏表で順番を決める】

129

Leave it to me.

私にまかせて

ポイント

Leave it to me. は，何かの作業や活動（発表など）に自信が
あって，自分にそれをまかせてほしいときに使用するプレハブ表
現です。

'leave' という動詞には，「去る，離れる，出る，卒業する，置
き忘れる，残す，そのままにしておく，残しておく，放っておく」
など，たくさんの意味があります。Leave it to me. は，文字通り
の「私に残しておいて」から「私にまかせて」という意味に転じ
たものです。

活用例（隣接ペア）

A: Oh, no. It's tough … （手強いね）【ひとり言，細かな場所の色
　　塗りをしている】

B: *Leave it to me*, Keisuke.

A: *Thank you*, Ai-chan.

B: I'm good at coloring, you know. （私は色塗りが得意なの，
　　知ってるでしょう）【32】

A: I know!【71】

関連表現

・I'll do it.（私がやります）

・Count on me.（ぼくにまかせて／当てにして／頼りにして）

・You can count on me.（ぼくにまかせてください）

・Trust me.（私にまかせて／信頼して／当てにして）

130　I'll show you how.
どうするか教えてあげるよ

■ ポイント

　この表現は，仲間が何か難しいことに直面していて，自分がやり方を教えてあげたいとき使用するプレハブ表現です。

　I'll show you. でも十分通じます。ただし，関連表現にあげたように，何かのやり方の具体内容を述べる場合には，'how to ～'や 'how＋文' を使って表現します。これらはより丁寧な表現ですが，その場の状況で判断できる場合には，通常は，'how' 以下を省略しても問題はありません。

■ 活用例（隣接ペア）

　A: Like this? (こうかな)

　B: No, not quite. (いいや，ちょっと違います) *I'll show you how.*

　A: *Thank you*, Koki-kun.

　B: …【やってみせる】 Got it? (分かりましたか)

　A: I hope so. (そう願いたいです)【244】

　B: I'm sure you can do it!【284】

　A: 【挑戦する】I'm done! (できた)

　B: Well done, Masako.

■ 関連表現

・I don't know how. (どうするか分かりません)

・I'll show you how to make a bird.

　((折り紙で) 鳥の作り方を教えてあげるね)

・I'll show you how we use this. (この使い方を教えてあげるね)

131 That's all.

以上で終わります

ポイント

That's all. は，単独でスピーチをしたり，グループあるいはペアで発表をしたりする場合に，「以上で私（たち）の発表を終了します」と，終了を宣言するために使用するプレハブ表現です。

That's all. という表現の原意は，「それがすべてです」というものです。したがって，関連表現にあるように，That's all I know.（それが私が知っているすべてです）や I did it just for fooling, that's all.（ふざけてやっただけです，他意はありません）という場合にもこのプレハブ表現を使用します。

活用例（隣接ペア）

A: … Finally, I want to play at FIFA World Cup! I hope you enjoyed my presentation. *That's all.* Thank you. Do you have any questions? 【274】【「将来の夢を語る」という発表の場面で】

B: Yes.【挙手】 Who is your favorite player?

A: Thank you for a good question. Yes, my favorite player is Mr. Kubo.

関連表現

・That's all for today.（今日はこれで終わります）

・That's what I know.（それが私の知っていることです）

・That's all for now.（今のところ以上です）

【レストランでの注文の際に】

132 Take your time.

ゆっくりやってね

ポイント

Take your time. は，作業や活動に時間がかかっている人がいる場合に，「急がなくていいからね，ゆっくり時間をかけてやってね」と，安心して作業や活動を続けるように促すときに使用するプレハブ表現です。

外国語で何かを話すときは，あせればあせるほど上手く言葉が出てこないものです。時間的に制約があるときにはなおさらです。皆が落ち着いて活動できるようにお互いに励ましあってリラックスできる雰囲気を作ることが大切です。

活用例（隣接ペア）

A: Your turn, Yuka.

B: Well, I know, but *I'm so nervous.*【39 活用例】

C: *Take your time*, Yuka.

B: *Thank you*, Hiroki.

A: You can do it.【39】

B: I'll do my best.【43】

A: Take a deep breath.（深呼吸して）

C: We're always behind you.【47】

関連表現

・No rush.（急がなくていいよ）【95 関連表現】

・There's no hurry.（急ぐ必要はないよ）【95 関連表現】

・Hurry up, please.（急いでください）【95】

133 | That'll do.
それでいいです

ポイント

That'll do. は，何か足りない物を誰かが取ってきた場合に，その物を目視して，「それで間に合う，十分です，それでいいです」と，その物で事足りることを告げるプレハブ表現です。

この表現で使われる 'do' は，「（〜するのに）間に合う，用が足りる，役立つ」という意味です。

間に合う物などを具体的に言う場合には，それを主語にして Water will do.（水でいいです），The longer one will do.（長いほうでいいです）などと表現します。

活用例（隣接ペア）

A: We need a long ruler.（長い定規がいるね） Does anyone have a long one?（誰か長いのをもっている人はいますか）

B: *How about this one?*（これはどうですか）

A: *That'll do.* Thank you.

B: It's a pleasure.

A: All right. We draw a line here.（直線を 1 本引きます）

C: Good job!

関連表現

・The red one will do.（赤いのでいいです）

・That's good enough.（それで十分です）

・That'll suffice.（それで十分です）【少し硬い表現】

・That's sufficient.（それで足ります）【少し硬い表現】

134 | Speak more loudly, please.

もっと大きな声で話してください

■ ポイント

　相手の声が小さくて，あるいは話者と少し離れているために聞き取りづらい場合があります。Speak more loudly, please. は，そのような場合に，「もっと大きな声で話してください」と，お願いするプレハブ表現です。

　広い部屋にいると仲間と普段話をする声量では声が届かないこともあるはずです。聞き取れないときには遠慮せずに，このような表現を使って少し大きな声でお願いするのもコミュニケーションを円滑に進める上で大切なことです。

■ 活用例（隣接ペア）

A: 【自分の一日についてスピーチを始める】Hi. I'm Haruna. This is my day. …

B: Excuse me. *Speak more loudly, please.*

A: *All right.* I usually get up at 7:00. Then I have break-fast. After that I say good-bye to my family …

B: Nice speech, Haruna.

A: Thank you.

B: Give me a high-five! 【51】

■ 関連表現

・More slowly, please.（もう少しゆっくりお願いします）【112】

・Speak more slowly, please.（もう少しゆっくり話してください）
　【112 関連表現】

135 | More time, please.

もう少し時間をください

ポイント

More time, please. は，Give me（us）more time, please. や Could you give me（us）more time, please? のくだけた表現で，もう少し時間がほしいときに，「もう少し時間をください」と，相手にお願いするために使用するプレハブ表現です。

英語の授業では，主活動を核としながらも，様々な活動が行われます。いわば，分刻みで授業が流れると言っても言い過ぎではありません。しかし，中途半端に終わらせるのではなく，少し待ってもらってでも1つ1つの活動を完結させるのが大切です。

活用例（隣接ペア）

A: Oh, no.　We don't have time.（時間がないよ）

B: Ms. Yoshinaga, *more time, please.*

T1: *Sure.　I'll give you two more minutes.*（もうあと2分あげましょう）　OK?

B: Thank you, Ms. Yoshinaga.

T1: Uh-huh.

A: Hurry up, please.【95】

Ps: OK.

関連表現

・Give me some time, please.（ちょっと時間をください）

・We need more time.（私たちにはもう少し時間が必要です）

・Can I have a minute?（少し待ってもらえますか）

136 | Need any help?
手伝いましょうか

▌ポイント

Need any help? は，相手が何かに手こずっていたり，時間が
かかったりしている場面で，「手を貸しましょうか，手伝いま
しょうか」と，援助の申し出をするために使用するプレハブ表現
です。この表現は，Do you need any help? の簡略形ですが，関
連表現にあるように，Any help? でも，「手伝おうか」というこ
ちらの意図は通じるでしょう。

なお，Any help? と Some help? では，若干ニュアンスが異なり
ます。前者の場合は，No, thank you. という応答も有り得ること
を想定していますが，後者の場合は，どちらかと言えば，Thank
you. と申し出を受け入れる可能性が高いことを想定しています。

▌活用例（隣接ペア）

A: Are you OK, Mai? *Need any help?*【困っている様子を見て】

B: *No, thank you, Naoki.* I think I can finish it by myself.
（自分で終わらせられると思うわ）

A: All right. Take your time.（ゆっくりね）

B: Thank you for saying so.【32 活用例】

▌関連表現

・Any help?（手伝おうか）【くだけた表現】

・Do you need any help?（手伝いましょうか）

・Would you like some help?（手伝いましょうか）
【少し丁寧な表現】

137 | That's enough.
もうやめてくれますか

ポイント

　英語学習は楽しいひと時です。しかし，けじめが無くなり，ふざける人も出てくるかもしれません。

　That's enough. は，「もうたくさん，もうふざけるのはやめてください，いいかげんにして」と，相手を諫めたり，注意をしたりするために使用するプレハブ表現です。

活用例（隣接ペア）

A: You know what?【58，対話の切り出し表現】

B: What?（何？）

A: I got a new TV game.

B: No kidding!（まさか，冗談でしょう）

　　【You're kiddning (me). とも言う】

C: *That's enough.*【A と B が無駄話をしているので】

A: *Sorry.*

C: We must get ready for our presentation.

　　（自分たちの発表の準備をしなければ）

関連表現

・Stop it, please.（やめてください）【98】

・Stop talking, please.（話をやめてください）【98 関連表現】

・I'm sick of chatting.（もうおしゃべりはうんざりです）

・I'm tired of him.（もう彼にはうんざりです）

・No fooling around, please.（ふざけないでください）【115】

138 Are you with us?
聞いていますか

ポイント

Are you with us? は，どうも上の空でこちらの話をちゃんと聞いている様子がない人がいる場合に，「ねえ，聞いていますか，ついてきていますか，私たちと一緒にいますか」と，その人の注意を引くために使用するプレハブ表現です。2人での対話の場面では，Are you with me?「私の話を聞いていますか」と，'me'を使います。

活用例（隣接ペア）

A: What dish do you want to make?

B: Well, I want to make curry and rice.【カレーライスは 'rice with curry' とも言い，英米では一般的な料理ではない】

A: How about you, Michi?　Michi, *are you with us*?【みちが話を聞いていない様子を見て】

C: *Excuse me?*【75】

A: What dish do you want to make?

C: Katsu-don.　I want to make katsu-don.

A: All right.　Curry and rice and Katsu-don. What else?

関連表現

・Are you listening?（聞いていますか）

・Hello!（もしもーし！）

・Hey, where are you?（おーい，聞いていますか）

・Do you follow?（話についてきていますか）

139 Will you give us five more minutes?

あと5分, 時間をもらえますか

ポイント

　この表現は，More time, please.（【135】）と同様に，もう少し時間がほしいときに活動延長の許可を取るために使用するプレハブ表現です。この表現では，'one minute'（1分），'three minutes'（3分），'five minutes'（5分）のように，ほしい時間を具体的に述べる点が More time, please. と異なるところです。

活用例（隣接ペア）

A: We need more time.

B: You're right.

C: Hmm. Excuse me. *Will you give us five more minutes*?

T1: Well, five more minutes ...【他のグループの様子を見て】All right. Finish in five minutes!（5分以内に終らせましょう）Go!

C: Thank you, Mr. Nozaki.

D: Hurry up!【95】

A: We're almost there.（もう少しだ）

B: That's right.

関連表現

・More time, please.（もう少し時間を下さい）【135】

・Can I have a minute?（少し待ってもらえますか）【135 関連表現】

・Will you give me five more minutes?

　（あと5分，私に時間をくれませんか）

140 | We don't have much time left.

あまり時間が残っていないよ

■ ポイント

　We don't have much time left. は，あらかじめ決められた活動時間があまり残っていないことを告げて活動のまとめを急ぐために使用するプレハブ表現です。

　'have A left' という表現は，「A が残されている」という意味で，'don't have much time left' は「たくさんの時間が残されていない」，「もう時間がない」となります。なお，文末の 'left' は，「左」を意味する 'left'（レフト）とつづりも発音も同じですが，'leave'（残っている）の過去分詞形です。

■ 活用例（隣接ペア）

A: My goodness!（これはたいへんだ！）*We don't have much time left.*

B: *That's true.*（本当だ）*We should hurry up.*（急がないと）

C: Looks like it.（そのようだね）

A: Oops!（おっと，いけない）

B: What's the matter?【26】

■ 関連表現

・No time left!（時間がない！）【くだけた表現】

・We're running out (short) of time.

　（もう時間が無くなってきたよ）

・We have no time left.（時間がないよ）

・There is little time left.（ほとんど時間がないよ）

142

141 | Pass me one more, please.
もう1つ回してください

■ ポイント

Pass me one more, please. は，配布物などを列ごとやグループごとに配っているときに，1枚あるいは1個足りないときに，「もう1つ足りません，もう1つ回してください」と，配布している人に催促するためのプレハブ表現です。

関連表現にあるように，実際の場面では，One more, please. でも話者の意図は伝わります。

■ 活用例（隣接ペア）

A: Please take one each. (1人1つずつ取ってください)

Ps: All right.

B: *Pass me one more, please.*

A: *Sorry. Here you are.*

B: Thank you.

C: Who needs … ? (必要な人は...)

D: No one. (だれもいないよ)

A: Everyone got one? (皆1つ受け取ったかい)

Ps: Yeah!

■ 関連表現

・One more, please. (もう1つお願い) 【くだけた表現】

・We need two more. (もう2つ必要です)

・Could you give us three more, please?

(あと3つお願いします) 【丁寧な表現】

142 | I left my textbook at home.

教科書を家に忘れてきました

ポイント

I left my textbook at home. は，教科書を家に忘れてきたとき
に使用するプレハブ表現です。'left' は，'leave'（置き忘れる）の
過去形です（【140】）。

I left my jacket on the bench.（ベンチに上着を忘れてきました）
のように，'textbook' の代わりに他の物を，'at home' の代わり
に 'in the library' などの場所を代入すれば様々な状況で使用で
きる表現です。

活用例（隣接ペア）

T1:　Please open your textbook to page 34.

　　　（教科書の 34 ページを開いてください）

A:　Where is yours, Taka?

B:　*I left my textbook at home.*

A:　*Oh, no.* Then you can share mine today.

　　　（じゃ今日は，ぼくのを一緒に使ってもいいよ）【143】

B:　Thank you, Tomoe.

A:　No problem.

関連表現

・I forgot to bring my textbook with me.

　（教科書を持ってくるのを忘れました）

・Oh, no. My textbook is at home.（ああ，教科書は家にあるよ）

・Oops!（おっと！）I left it in the gym.（体育館に忘れてきたよ）

143 | I can share mine with you.

ぼくのを一緒に使ってもいいよ

ポイント

I can share mine with you. は，忘れ物した人がいる場合に，「自分のものを一緒に使ってもいいよ」と援助を申し出るときに使用するプレハブ表現です。

'mine' は，「私のもの」という意味ですが，具体的なものを表現するときは，'my textbook' のように，'my' の後に具体物を添えるようにします。

活用例（隣接ペア）

A: Where is your textbook? (君の教科書はどこですか)

B: Oh my goodness! (たいへんだ！) *I left it at home.* 【142】

A: *I can share mine with you,* if you like. 【62】

B: *Thanks.*

A: Anybody makes a mistake. (だれでもミスはするよ)

C: You're right. I left mine last week. (ぼくも先週忘れたよ)

A: Again? (また？)

C: Well, …

関連表現

・You can use mine. (私のを使ってもいいよ)

・Can I share it with you? (一緒に使わせてもらってもいいですか)
【忘れ物をした側がお願いする】

・Can I borrow your dictionary? (辞書を借りてもいいですか)【忘れ物をした側がお願いする】

144　Can I use your red pen?

君の赤のペンを使ってもいいですか

▌ ポイント

Can I use your red pen? は，May I use your pencil? (【117】) と同様に，文房具などを友だちなどから借りたいときに使用するプレハブ表現です。少し丁寧な表現です。関連表現にあるように，借りたい物を指差して，Can I? と言えば，こちらの意図は伝わります。親しい友だち同士では，これで十分でしょうが，少々ぶっきらぼうに聞こえるので注意しましょう。

▌ 活用例（隣接ペア）

A: Oops!（おっと）【oops [ú:ps]，赤のペンが書けない】

B: What's wrong?【09 関連表現】

A: This doesn't work.（これはだめだ，書けないな） *Can I use your red pen?*

B: *Of course.*（もちろん） Here you are.

A: Thank you.

B: It's nothing.（たいしたことないよ）【'nothing' は口語表現で「取るに足らない」という意味】

▌ 関連表現

・Can I?（いい？）【くだけた表現，使わせてもらいたいものを指差して】

・May I use your pencil?（あなたの鉛筆を使っても（借りても）いいですか）【丁寧な表現，117】

・I need a red pen.（赤のペンがいるなあ）【つぶやき】

145 Isn't that yours?

あれは君のではありませんか

ポイント

文房具類や持ち物，学習で使用するプリントなど，机の上には
たくさんの物を置くときがあります。何かを床に落としてしまっ
て，それに気がつかないときもあります。そのような場合に，気
がついた人は，落としたと思われる人に，Your pencil is on the
floor. など，関連表現に例示したプレハブ表現を使って，その人
に落ちていることを教えてあげるとよいでしょう。

活用例（隣接ペア）

A: My pencil, my pencil, where is my pencil?（鉛筆はどこだ）
　【鉛筆を探している】

B: *Isn't that yours*, Jun-ichi?

A: *Yeah! It's mine.* Thank you, Fumiko.

B: You're welcome.

A: Whose is this?（これは誰のですか）【床に落ちている消しゴム
　を見つけて】

B: Oh, it's mine.（私のです）【苦笑い】

関連表現

・Yours?（君の？）【くだけた表現，指差したり，拾い上げたりして友
　だちの注意を引く】

・Your pencil is on the floor.（君の鉛筆は床に落ちていますよ）

・Is this yours?（これはあなたのですか）【拾い上げて仲間に見せな
　がら】

146 Stop talking, please.

話をやめてください

ポイント

Stop talking, please. は，誰かが何か説明したいことがあったり，次の活動に移ろうとしているのにまだ話をしている人がいるときに，Be quiet, please.（【116】）や Attention, please.（ちょっと聞いてください）などと同じように，「話をやめてください，静かにしてください」と，お願いしたり注意したりするために使用するプレハブ表現です。

Stop walking, please.（歩くのをやめてください）などのように，'talking' のところにいろいろな動名詞（'making noises'（音をたてる）のような動詞句を含む）を代入すると，様々な状況で使用することができます。

活用例（隣接ペア）

A: Please listen.（聞いてください）

Ps: …【引き続きおしゃべりをしている】

B: *Stop talking, please.* Daisuke wants to say something.（大輔が何か話したいそうです）

C: *Oh, I'm sorry.* Go ahead, Daisuke.

関連表現

・Stop it, please.（やめてください）【98】

・Be quiet, please.（静かにしてください）【116】

・Quiet, please.（静かに）【116 関連表現】

・Attention, please.（ちょっと聞いてください）

147 | You can go first.

君から始めてもいいですよ

■ ポイント

You can go first. は，活動の順番が問題になっているときに，相手に，「最初に始めてもいいよ」と，行動の許可を与えたり，行動を促したりするために使用するプレハブ表現です。

この表現で使われている 'go' は，「始める」という意味です。なお，激励するために使用する，You can do it!（君ならできるよ）（【39】）と合わせて，状況に応じて使えるようになるとよいでしょう。

■ 活用例（隣接ペア）

A: OK. Let's get started. 【106】

B: Who goes first? 【119】

C: Well, Kaede, *you can go first.*

D: Me? Hmm … *All right.* … 【発表する】

A: Well done, Kaede.

D: Thank you, Kota.

B: Now who's next? 【120】

C: Can I?

■ 関連表現

・Who goes first?（誰から始めますか）【119】

・You go first.（君からどうぞ）【119 関連表現】

・You can go next.（次にやってもいいですよ）

・I can go last.（ぼくは最後でいいよ）

148 | Why don't you join us?
君も一緒にやりませんか

ポイント

Why don't you join us? は，加わるグループを躊躇しながら探している仲間がいる場合に，「自分たちのグループで一緒に活動しませんか」と，参加を勧誘するために使用するプレハブ表現です。

この勧誘表現は，'join us' の部分に他の動詞（'begin'）あるいは複数語からなる動詞句（'help me finish the chart'「表を完成させるのを手伝う」）を代入すれば，様々な場面で使用できる表現です。

活用例（隣接ペア）

A: Hi, Tomoe. *Why don't you join us?*

B: *Can I?*

C: *Of course. Come on in!* (入りなさいよ)

A: Join us.

B: Thank you so much.

関連表現

・Come join us. (こっちに来て一緒にやろうよ)【109 活用例】

・Why not join us? (一緒にやりませんか)

　【少しくだけた表現，Why not? だけでは「どうして？」と理由を問うときにも使用します。例えば，A: I don't want to do it. B: Why not?】

・Why not? (よし，そうしましょう)

　【Let's play a game. の相づちとして】

・Why don't we begin? (始めませんか)【Why don't we ～ = Let's ～】

149 | Who wants to try?
やってみたい人はいませんか

ポイント

Who wants to try? は，少しハードルが高い活動に，「誰か挑戦しませんか」と勧誘するときに使用するプレハブ表現です。教師がこのような表現を使って全体に対して勧誘する場合もあれば，グループでの活動において，構成員が別の構成員に対してこのように発する場合もあるでしょう。

やってみること，挑戦することの具体的な内容を述べるときは，Who wants to try this game? のように，'try' の後に，'this game' などの具体的な活動を入れて表現します。

活用例（隣接ペア）

A: Practice time is over. (練習の時間は終わりました)【111 関連表現】

B: Now *who wants to try*?【暗唱に挑戦する人を募る】

C: *Well, hmm, can I?*【少し躊躇しながら】

B: OK, Yoshiko. Give it a try. (やってみてごらん)

C: Thank you. I'll try my best.【19 活用例】

A: We're behind you. (皆応援しているよ)【47】

C: All right.

関連表現

・Does anyone want to try? (誰かやってみたい人はいますか)

・Anyone? (誰かいませんか)

・Any volunteer? (自ら進んでやってみたい人はいませんか)

150　What are you looking for?
何を探しているのですか

ポイント

あるはずの物が見当たらないときがよくあります。What are you looking for? は，何かを探しているように見える仲間に対して，「何を探しているのですか，探すのを手伝いましょうか」と状況の説明を求めたり，援助を申し出たりするために使用するプレハブ表現です。

活用例（隣接ペア）

A: Hmm … Where is … 【何かを探している】

B: *What are you looking for?*

A: *Well, I lost my ruler.*（定規が見当たらなくて）

B: … 【探すのを手伝う】 Is this yours? 【145 関連表現】

A: Oh, yes. It's mine. Where was it? （どこにあった？）

B: It was under your chair. （君の椅子の下にあったよ）

A: Really? Thank you. I'm loosing things all the time. （ぼくはいつも物をなくすんだ）

B: I am too. （ぼくもだよ）

関連表現

・Looking for something? （何か探してる？）【くだけた表現】

・What's the matter? （どうしたのですか）【09 関連表現，26】

・Did you loose something? （何かをなくしましたか）

・Lost something? （何かなくした？）【くだけた表現】

・May I help you? （いらっしいませ）【70 関連表現】

151 | I'll help you, if you want.

もしよかったら手伝いますよ

ポイント

I'll help you, if you want. は，少し時間がかかっていたり，手間取ったりしている相手に対して，少し控え目に（'if you want'（もしそうしてほしかったら）【62】）手伝いの申し出をするときに使用するプレハブ表現です。

手伝ってほしい場合もあれば，最後まで自分でやり切りたい場合もあるはずです。'if you want' を加えて，少し控え目に申し出をすることによって，相手の面子（英語では面子のことを「顔」と同じ 'face' を使います）をつぶす危険性も小さくなるでしょう。

活用例（隣接ペア）

A: *I'll help you, if you want.*

B: *Thank you*, Tomomi. But I'll finish it by myself.（でも自分で終わらせます）

A: OK.

B: I appreciate your kind offer.（ご親切な申し出，ありがとうございます）【'I appreciate X' は 'Thank you for X' より丁寧な表現】 I'll try my best.【19 活用例】

関連表現

・Can you help me?（ちょっと手伝ってくれますか）【話者からの依頼】

・Need any help?（手伝いましょうか）【話者からの申し出，136】

・Would you like some help?（手伝いましょうか）【話者からの丁寧な申し出，136 関連表現】

152 | Turn it up (loud), please.
音を大きくしてください

ポイント

Turn it up (loud), please. は，CD や DVD の音が小さくて聞きにくいときに，「もう少しボリュームを上げてください，音を大きくしてください」と，依頼するときに使用するプレハブ表現です。

昔の音源のボリューム装置はダイヤル式が多かったので，'turn' (廻す) という動詞が使われるのでしょう。

関連表現にあるように，音を小さくしてほしいときは，Turn it down, please. と表現します。なお，調整してもらいたいものを具体的に述べる場合には，'it' の場所に，例えば，'the CD' 'the DVD' を入れて，Turn the CD down, please. のように表現します。

活用例 (隣接ペア)

A: Too soft. (音が小さすぎです)【= Too small】 *Turn it up, please.*

B: *OK. How about this?*

A: Well, too loud …【えっと，ちょっと大きすぎです】

B: Try this.

A: Perfect! (ちょうどいいです)　Thank you.

関連表現

・Could you turn it up loud? (音を大きくしてくれますか)
【丁寧な表現】

・Turn it down, please. (音を下げてください)

・Turn it up warm, please. (もう少し暖かくしてください)

153 Can I answer that?

ぼくがそれに答えてもいいですか

ポイント

　教師が児童・生徒に何か発問したり，あるいは，児童・生徒同士が互いに質疑しあったりする場合に，たとえ答えがわかった人がいたとしても，誰でも勝手気ままに無秩序の状態で発言していては，活動は円滑に進行しません。

　そのような場合，Can I answer that? や下の関連表現に列挙した表現など，いずれか一言を発して，まず，許可を得てから発言するマナーが大切です。

活用例（隣接ペア）

A: OK. Let's get started. What country do you want to go to?

B: Who wants to try?【149】

C: *Can I answer that?*

B: *Sure, Nobu. Go ahead.*

C: Thanks. I want to go to Italy because I like Roman history.

A: Wow! I'm crazy about Roman history.（ぼくはローマの歴史がめちゃくちゃ好きなんだよ）

C: Oh, are you?【相手の話に興味を示すためのプレハブ表現】

関連表現

・Let me try.（ぼくにやらせてください）【102】

・Can I?（いいですか？）

・I know the answer.（答えがわかります）

・Can I try?（私が答えてみていいですか）

154 Let's change roles.

役割を替えましょう

ポイント

　外国語（英語）活動の時間では，まず，教師が提示するモデル対話をペアやグループで練習してから，自分たちのオリジナル対話を考えて発表することがよくあります。

　Let's change roles. は，モデル対話の練習の場面で，A から B へ，B から A へ，と役割を交替して練習するために使用するプレハブ表現です。

活用例（隣接ペア）

A: All right. Let's practice.（さあ，練習しょう）

B: OK. I'll play A first.（まずぼくが A をやります）

A: Good. So I'll play B.（じゃ，私が B ね）

Ps: …【ペアで役割演習（ロールプレイ）する】

A: Now *let's change roles*. I'll play A next time. OK?

B: *Got it.*（分かりました） I'll play B then.

A: Let's go!

B: Uh-huh.

Ps: …【役割を替えて役割演習する】

関連表現

・I'll play the role of John.（ぼくがジョン役をやります）

・Let's switch roles, shall we?（役割を入れ替えましょうか）

・Play Mary next time, will you?

　（次はメアリーの役をやってくれますか）

155 | Bring that over here, will you?

あれをここに持ってきてくれますか

ポイント

Bring that over here, will you? は，少し離れた場所にある物を相手に取ってきてもらいたいときに発する，少し丁寧なプレハブ表現です。

このように，文末に 'will you' を添える文は，付加疑問文（この場合は命令文）の一種です。Bring that over here, please. の 'please' とほぼ同じ働きをすると考えてもよいでしょう。

活用例（隣接ペア）

A: Let's see.（えっと）【200 関連表現】 We need a blue pen.

B: Oh, it's over there.

A: *Bring that over here, will you?*

B: *Sure.*

A: Thank you.

B: Piece of cake.（わけないよ，朝飯前だよ）【この表現が文中で使われる場合は It's a piece of cake. のように不定冠詞の 'a' を付けます】

関連表現

・Will you bring that over here?

（あれをここに持ってきてくれますか）

・Fetch that, please.（あれを取ってきて）【くだけた表現】

・Could you go get the cards from the teacher, please?（先生からカードをもらってきてください）【109 活用例, 156】

157

156 | Could you go get the cards from Ms. Shima, please?

島さんからカードをもらってきてください

ポイント

　講師などが前にいて，カードやプリントを各ペアあるいはグループに配布するので，誰かが前に取りにいかなければならないときがあります。

　関連表現に例示したように，自ら進んで取りに行くなら I'll get them. と表現し，誰かに取ってきてもらいたいときなら，Could you go get the cards（from Ms. Shima）, please?（少し丁寧な表現，109 活用例を参照）と表現します。

活用例（隣接ペア）

T1: OK, class.　I'll give you five cards each group.（各グループに 5 枚カードを配ります）

A: Kozue, *could you go get the cards from Ms. Shima, please?*

B: *Sure.*

A: Thank you, Kozue.

B: …【取りに行って戻る】 Here we go.

関連表現

・Can you receive the cards?（カードを受け取ってくれますか）

・Could you?/Can you?（受け取ってくれる？）【くだけた表現，状況によってお願いする行動が変わるので注意】

・I'll get it.（ぼくがもらってくるよ）【複数の物なら 'them' を使用】

・Could you get them?（受け取ってくれますか）

157 Can we get a piece of paper?

用紙を 1 枚もらってもいいですか

ポイント

Can we get a piece of paper? は，メモしたり下書きをしたりするために何か書き込める用紙がほしい場合に，「何か用紙を 1 枚くれませんか，もらってもいいですか」と，相手にお願いするプレハブ表現です。

自分がほしいときは，'Can I' を，ペアやグループがほしい場合には，見出し表現のように 'Can we' を使用します。

活用例（隣接ペア）

A: We're almost there. (もうすぐできるね) 【対話のスクリプトを完成させている】

B: We need a piece of paper, don't we?

C: That's right. *Can we get a piece of paper*, Mr. Tanaka?

T1: *Sure.* Come get one. (取りにおいで)

B: I'll get it. 【156 関連表現】

A: Thank you, Naomi.

T1: Here you are.

関連表現

・Can we get a blank piece of paper?

　(白紙の紙を私たちに 1 枚もらえますか)

・Can I have something to write with?

　(何か書く物をもらえますか)

・A piece of memo paper, please. (メモ用紙を 1 枚ください)

158　Let's exchange the worksheets.

ワークシートを交換しょう

ポイント

　仲間がどのような解答をしたか，あるいは，どのような内容のことを書いたかをお互いにシェアしたいときがあります。Let's exchange the worksheets. は，このような場面で使用するプレハブ表現です。

活用例（隣接ペア）

A:　Are you finished?【104 関連表現】

B:　Uh-huh.

A:　OK.　*Let's exchange the worksheets.*

B:　*All right.　Here you are.*【B のワークシートを渡す】

A:　Thank you.　Here you are.【A のを B に渡す】

B:　Thank you.　Let's me see …

A:　Your English is perfect!

B:　Oh, is it?　Thank you for saying so.【89 関連表現】

関連表現

・Let's swap our worksheets.（ワークシートを交換しましょう）

・Let me see your worksheet.

　（君のワークシートを見せてください）

・You can see my worksheet.

　（ぼくのワークシートを見てもいいですよ）

・Let's check each other's worksheet.

　（お互いのワークシートを点検しましょう）

159 | Let me see your notebook.

君のノートを見せてください

■ ポイント

Let me see your notebook. は，相手のノートを見せてもらう
とき，すなわち，ノートを見る許可を求めるためのエチケットと
して一言発するときに使用するプレハブ表現です。

Let me try.（【102】）のように，この 'Let me（us）＋動詞（動詞
句）' という表現パターンは，「私（私たち）に〜をさせてくださ
い」という意味で使われ，様々な状況で使用できるので非常に便
利な表現です。

■ 活用例（隣接ペア）

A: I have a problem here …（ちょっとここがわからないなあ）

B: What's the matter?【09 関連表現，26】

A: Hmm …【発話の順序を並べ替えている】

B: *Let me see your notebook.*

A: All right.

B*: Ah, it's upside down.*（あ〜，逆さまだ）【164 とその関連表現】

A: Is it?（そうなの？）

■ 関連表現

・Can I see your notebook?（君のノートを見ていいですか）

・Can I have a look at it?（ちょっと見ていいですか）

・Do you mind if I see your notebook?

（あなたのノートを見せてもらっていいですか）【かなり丁寧な表現】

160 | What are you doing?
何をしているの

ポイント

What are you doing? は，相手が何をしているかわからなくて，「今何をしているの」と尋ねるときに使用するプレハブ表現です。

しかし，この表現はまた，相手の行動を見て，「何やってんの，やめなさい，どうしてそんなことをするの」などと（母親などが）相手（子どもなど）を叱るときにも使われます。このような状況で，I'm watching TV. などと応じると，「見ればわかるでしょう，テレビを見てるの」と，叱られたことに対して開き直った態度を相手に示すことになります。

活用例（隣接ペア）

A: It's our turn! Let's go.

Ps: All right.

B: Haruka, *what are you doing*?

C: *Well, I'm doing a final rehearsal.*
　　（えっと，最後のリハーサルをしているの）

B: Haruka, we don't have time.

C: I know. All right.

関連表現

・What are you up to now? (今何しているの)

・What's up? (何してる？／どうしてる？)【くだけた表現】

・What do you do? (何をされていますか)【職業などを尋ねる表現】

161 We must finish it in five minutes.

5分間（以内）で終わらせないとね

ポイント

We must finish it in five minutes. は，何かの活動を決められた時間（以内）に終わらせなければならないことをグループのメンバーに確認するために使用するプレハブ表現です。

文末の 'in five minutes' で使用する 'in'「〜間で（必要時間）」に注意してください。'for five minutes' は，どちらかと言えば，5分間をフルに利用して終らせる，というニュアンスですが，'in five minutes' は，5分以内で早ければ早いほど良いという意味合いが強いです。

活用例（隣接ペア）

A: What time is it? （今何時ですか）【英語の寸劇を作っている】

B: It's 10 : 05. 【10 : 05 は，'five after ten' と発音するのが一般的】

C: Wow, *we must finish it in five minutes.*

A: *You're right.*

C: How do we close the conversation, then? （じゃ，会話の幕引きをどうしましょうか）

B: How about … Yukiko will say … 'OK. Nice talking to you.'

関連表現

・In ten minutes. （10分間（以内）で（に））

・In a week. （一週間（以内）で（に））

・For five minutes. （5分間で）

・After six days. （6日後に）

162 | I'll finish this today, if possible.

もしできれば今日これを終わらせます

ポイント

I'll finish this today, if possible. は，何か仕上げなければならない課題がある場合に，「無理かもしれないけれど，もしできれば今日中にこの課題を終らせたい」と，希望を述べるために使用するプレハブ表現です。

話の流れから，前の部分の I'll finish this today' を省略して，単に，'if possible' としても本人の希望は十分伝わるでしょう。'if possible' 自体も独立したプレハブ表現だからです。

活用例（隣接ペア）

A: I'm through.【97 関連表現】 How about you, Daisuke?【35】

B: Well, almost but … *I'll finish this today, if possible.*

A: *I'm sure you can do it.*

B: I'll try my best.【19 活用例】

A: How many pictures to finish?（絵は何枚残っているの）

B: Well, let me see … ten.

A: Ten! A lot of work to do.（たくさんあるね）

B: I know, but it's OK. I'm good at drawing, you know.

関連表現

・… , if I can.（もしできれば）

・… , if I could.（もしできれば）【少し可能性は低い】

・… , if time allows.（もし時間が許せば）

・… , if necessary.（もし必要があれば）

163 | I'm going to be the chair this time.

今度はぼくがまとめ役をやります

ポイント

I'm going to be the chair this time. は，グループで役割を決めて活動している場面で，「今度（次）は，自分がまとめ役（議長）をしましょう」と，自分の意思を他のメンバーに伝えるために使用するプレハブ表現です。

一昔は，まとめ役（議長）は，'the chairman'（チェアマン）と言っていましたが，ジェンダーの問題から 'the chairperson' となり，最近では 'person' を省略して単に 'the chair' という場合が多いようです。

活用例（隣接ペア）

A: Well done, everyone.

B: Now let's move on to the next activity. （じゃあ，次の活動に行きましょう）【113 関連表現】

C: *I'm going to be the chair.* OK?

Ps: *All right.*

C: Now who wants to speak first?

D: I do.

関連表現

・I'm going to be it next time.（次は私が鬼をします）

・I'm going to be the presenter.

　（ぼくが発表者（プレゼンター）をします）

・Who's going to be the chair?（誰がまとめ役をしますか）

164 It's backward.

左右反対です

ポイント

物やカードを並べ替えたりするタスクが与えられる場合があります。It's backward. は、並べる物が左右（上下の場合も）反対になっているときに使用するプレハブ表現です。

なお、関連表現に示しましたが、順が逆になっていたり、裏返しになったりしている場合のプレハブ表現は様々です。その場の状況に応じて使えるようにしたいものです。

活用例（隣接ペア）

A: Is this correct?（これであっている？）

B: Let me see.（えっと、そうですね）【204】

A: Something is wrong ...（何か変だね）

B: Hmm ... *it's backward*, I think.

A: *Oh, you're right.*

B: This card comes first, then ...（最初がこのカードで、次が...）

C: How about this one?

B: That's perfect!

C: All right!

関連表現

・It's the other way around.（（左右）反対です）

・It's the wrong way around.（（左右）反対です）

・It's upside down.（（上下）逆さまです）【169】

・It's inside out.（（表裏）裏返しです）

165 | I'm going to take notes.

私がメモ（記録）を取ります

ポイント

　グループでディスカッションするときには，各人が別個の役割を担って進めることがあります。I'm going to take notes. は，メンバーの意見や決まったことをメモしたり，グループレポートを清書したりする役割を自らかってでる人が使用するプレハブ表現です。

　司会者は，'the chair' 'the moderator' 'the MC (master of ceremonies)，対話の脚本原稿の係は，'the script manager'，ポスターの係は，'the poster manager'，発表者は，'the presenter' などと言ったりします。

活用例（隣接ペア）

A: All right. *First, let's make a decision on the roles.* （まず役割を決めましょう）

B: *I'm going to take notes.*

C: *Good.* Then I'm going to write the script.

A: OK. I'm going to paint the poster.

B: Satoshi, will you be the chair?

関連表現

・I'll be the note taker. （ぼくが記録係をやります）

・Let me take notes. （私がメモをとりますよ）

・I'm going to take (the) minutes. （私が議事録を取ります）

　【'minutes' [mínəts]，「分」と発音・つづりが同じ】

166　Could you help me?

ちょっと手伝ってくれますか

ポイント

Could you help me? は，何か手伝ってほしい事柄があるとき
に，仲間にお願いをするために使用する，少し丁寧なプレハブ表
現です。'Can you ～ ?' 'Will you ～ ?' もほぼ同じ機能を果たし
ますが，'Could you ～ ?' のほうがより丁寧な表現です。助動詞
が過去形の 'could' 'would' になると，「もし可能でしたら（仮
定的な意味合い）」という控え目なニュアンスを帯びるので，よ
り丁寧度が上がるのです。

活用例（隣接ペア）

A: Hmm … I need help. Masaru, *could you help me?*

B: *Sure. What can I do for you?*（何をしたらいいですか）

A: Well, please hold this.（これを押さえてください）

B: OK. Like this?（こうですか？）

A: Exactly.（そうです） Thanks.

B: No problem.

A: Now it's done!

関連表現

・Can you help me?（手伝ってくれますか）

・Will you help me?（手伝ってもらえますか）【少し丁寧な表現】

・Help me!（助けて！）【くだけた表現】

・Could you help me with my homework?（宿題を手伝ってくれ
　ますか）【手伝ってほしいことを具体的に述べる場合】

167 | Can I work with you?

一緒にやってもいいですか

ポイント

Can I work with you? は，何人かの仲間と対話活動をしているときに，次の相手になってもらえるかどうか，相手に許可をもらうためのプレハブ表現です。

外国語（英語）の学習では，部屋を自由に歩き回りながら対話相手を探す場面がよくあります。そのような場合，次の相手がなかなか見つからないときがあります。ただ黙って探していたのでは，なかなか見つかりません。対話している人の様子を見て，間髪をいれずに，Can I work with you? と積極的に声をかけて対話の相手になってもらいましょう。

活用例（隣接ペア）

A: OK. Nice talking to you, Akari.【幕引きの前触れ表現】

B: Nice talking to you, too, Hiro. Bye.

C: Excuse me. *Can I work with you*, Akari?

B: Hi, Toru. *Yes, of course.*

C: Thank you.

B: How are you, Toru?

関連表現

・Can I be your partner?

（君の相手（パートナー）になってもいいですか）

・Do you have your partner? （あなたの相手はいますか）

・Are you looking for a partner? （相手を探していますか）

168 | Shall we begin?
始めましょうか

ポイント

Shall we begin? は，活動を開始しようと友だちに声をかけて，行動を促すために使用するプレハブ表現です。状況にもよりますが，関連表現にあげたように，Shall we?（【106 関連表現】）だけでも「始める？」という意図は伝わります。

この 'shall we' は，Let's play the game, shall we? のように，'Let's' で始まる文を付加疑問文にして，相手の気持ちに寄り添って提案や申し出をする場合にもよく使われる表現です。

活用例（隣接ペア）

A: All right. *Shall we begin?*

B: *Yes, let's.*【21 活用例】Let me begin first.

A: Go ahead, Tomoki.

B: This is my hero. Do you know him? He is my father. His name is Jun-ichi. He …【スピーチのリハーサルが終わる】

A: Good job, Tomoki.

B: Thank you. Now it's your turn.

A: OK. This is my hero. Do you know her? She is my mother. She is an English teacher at a university. …

関連表現

・Shall we?（始める？）【くだけた表現】

・Let's get started.（さあ，始めましょう）【106】

・Let's begin / start!（さあ，始めよう）【106 関連表現】

169 | It's upside down, isn't it?
逆さまではないですか

ポイント

It's upside down, isn't it? は，並べたカードや物が逆さまに置かれているときに，「逆さまだよね」と，相手に気づかせるためのプレハブ表現です。

'isn't it?' は付加疑問文です。付加疑問文というのは，物事を言い切って相手の面子をつぶすことがないように配慮する表現方法の1つです。You like sushi, don't you? Your father and mother aren't teachers, are they? Junko went to the supermarket, didn't she?' のように，主文の種類（肯定か否定か）や主語と動詞に応じて様々に変化するので注意しましょう。

活用例（隣接ペア）

A: Now it's done.【聞き取った英文の内容に合致するように絵カードを並べる】

B: Wait a second.【96 関連表現】 *It's upside down, isn't it?*

C: *You're right, Yoshiko. This one comes first.*

A: Ah, this one comes next, right?（あ～，これが次にくるよね）

関連表現

・Upside down?（逆さま？）【くだけた表現】

・It's backward.（左右反対です）【164】

・It's the wrong way up.（逆さまです）

・Turn them upside down, please.（それらを逆さまにしてください）

170 | Why don't you sit down?
座ったらどうですか

ポイント

Why don't you sit down? は，立っている相手に対して，「座りませんか，座ったらどうですか」と，着席を促すときに使用するプレハブ表現です（【148 282】を参照）。

また，‘Why don't you X?'（X には動詞句が入る）という表現パターンは，「X してはどうですか」と，あまり命令調にならずに，友だちなどに何らかの行動を促すために使用できる表現です。

活用例（隣接ペア）

A: Now we are through. Let's go back to our seats. (席に戻ろう)

B: Uh-huh.

A: Takashi, *why don't you sit down*?

C: *Oh, OK.*

B: We did a good job, didn't we?

A: Yes, we did.

C: I'm very proud of this team. (このチームはすごいね)

関連表現

・Sit down! (座って！)【くだけた表現】

・Please sit down. (座ってください)

・Sit down on the floor, will you? (床に座ってくれますか)

・Why don't you take a seat? (椅子に座ったらどうですか)

・Kneel down, please. (膝をついてください)

171 Can I say something?

ちょっと話をしてもいいですか

ポイント

Can I say something? は，他の人たちが話をしているときな
どに，自分が発言したいことがあって話に割り込もうとして，
「話の途中で申し訳ありませんが，割り込んで申し訳ありません
が，ちょっと話をしてもいいですか」と，割り込みの許可を得る
ために使用するプレハブ表現です。

英語での対話の場合においては，相手が発話中に割り込むのは
良いマナーとは言えません。発言の文末や話が一時的に途切れた
状況などで割り込む許可を得てから話し始めるのがよいでしょう。

活用例（隣接ペア）

A: I can't catch the last part. (最後の部分が聞き取れません)

B: Excuse me. *Can I say something?*

C: *Sure. Go ahead.*

B: I hear 'on Sunday.' ('on Sunday' と聞こえるけど)

A: Ah, I agree. (あ〜，賛成だ)

B: That's good to hear.

C: Let's listen again, shall we? (もう一度聞いてみようか)

関連表現

・Excuse me. (すみません)

・Sorry to bother you but ... (お邪魔をしてすみませんが...)

・Sorry to interrupt you but ... (遮ってすみませんが...)

・Can I? (いいですか？)【くだけた表現】

172 | By the way, do you know today's date?

ところで，今日は何日だったかわかりますか

ポイント

'By the way, ～ '「ところで」は，話題を変える際に使用する プレハブ表現です。日本語では，「ところで，」と言えば本題に入る前触れのように聞こえますが，英語では，むしろ「ちょっと横道にそれますが」と，本題からそれるニュアンスを帯びることに注意しましょう。下の関連表現にも幾つか例示しましたが，このように話題を変える前触れ表現のことを英語では 'topic shifters'（話題転換の言葉）と呼びます。

活用例（隣接ペア）

A: Christmas is coming soon.（もうすぐクリスマスだね）

B: *By the way, do you know today's date?*

A: *It's December 15.*（12 月 15 日です）

B: Then we have ten more days until Christmas!（じゃあ，クリスマスまであと 10 日だね）

関連表現

・Speaking of today's date, it is the last day of February.
（今日の日付と言えば，2 月も今日で終わりだね）

・Talking of the homework, when is the deadline?
（宿題と言えば，締め切りはいつですか）

・Goro likes baseball. As for Kaoru, she likes volleyball.
（五郎は野球が好きだ。薫はと言えば，バレーボールが好きだ）【前出の話題に関連した別な事柄を取り上げる場合】

173 Who's going to be the moderator?

誰が司会をしますか

ポイント

　グループで活動する際には，誰がどのような役割を担うかを決めてから活動に入ることが多いと思います。

　Who's going to be the moderator? は，誰が「まとめ役」，あるいは少しフォーマルな議論をする場合には「司会」を担うかを問うために使用するプレハブ表現です。

　この表現は，'Who's going to be'（'Who's gonna be' と短縮されて発音されることがあります）「誰がする」と 'the moderator'「まとめ役（司会）」の 2 つの語の塊からなるものとして捉えることができます。そうすると，後の語の塊をいろいろな役割（'the chair' 'the note taker' 'the presenter' など）に変えると様々な状況で使用できるようになります。

活用例（隣接ペア）

A: OK. *Who's going to be the moderator*?

B: I am!【I'm going to be the moderator. の簡略形】

A: OK, everyone?（皆いいですか）

Ps: Yes.

関連表現

・Who is going to be the chair?

　（誰がまとめ役（議長）をしますか）

・Who will play the presenter?（誰が発表役をしますか）

・I'm going to be the chair.（ぼくがまとめ役をします）【163】

174 | Attention, please!
注目してください!

ポイント

Attention, please! は，誰かが発表したり発言したりする際に，「まだ話をしてる人がいます，静かにして話者に注意を向けてください，注目してください」と，注意喚起をするために使用するプレハブ表現です。

ひと昔前には，機内でスチュワーデスが，「皆様に申し上げます，お聞きください」などという意味で Attention, please! を使っていたことがありますが，最近ではあまり耳にしません。

活用例（隣接ペア）

Ps: 【教室内がざわついている】

A: *Attention, please!* It's Tomoe's turn to speak.（朋恵が話をする番です）

B: *All right.*

C: Sorry.

A: You can go, Tomoe.（話し始めてもいいよ，朋恵）

関連表現

・Pay attention, please.

（注目してください／静かにして聞いてください）

・Pay attention to the speaker, please.

（話し手に注目してください）

・May I have your attention, please?

（こちらに注目していただけますか）【丁寧な表現】

175 | I'm sorry to keep you waiting.

待たせてごめんなさい

■ ポイント

I'm sorry to keep you waiting. は，ペアやグループで活動している際に，ある構成員が 1 つの活動に思いのほか時間がかかって，次に進めないような状況で，その構成員が他の構成員に対して，「待たせてしまってごめんなさい，すみなせん」と，謝罪するために使用するプレハブ表現です（【52】）。

'to keep you waiting' の文字通りの意味は，「あなたを待つ状態のままにしておく」という意味です。

■ 活用例（隣接ペア）

A: Are you through, Nanako?

B: No, not yet. *I'm sorry to keep you waiting.*

C: *Not at all.* （そんなことないよ）

D: I'm always behind you. 【47】

B: I really appreciate your patience.

　（忍耐強く待ってくれて本当にありがとう）

A: Don't worry, Nanako. 【36】

■ 関連表現

・Sorry to keep you waiting.

　（待たせてごめんね）【くだけた表現】

・Sorry for making you wait. （待たせてごめんね）

・Sorry to have kept you waiting.

　（待たせてしまってごめんなさい）

---

176 Please remain seated.

座ったままでいてください

ポイント

Please remain seated. は，仲間たちに着座したままでいるように依頼するときに使用するプレハブ表現です。

'remain' という語は，少し硬くフォーマルな状況で使用する動詞です。関連表現にあるように，'stay' で代用することもできます。Stay seated. のように，'stay' のほうがよりカジュアルな表現です。どちらも使えるようにしておくと便利です。

活用例（隣接ペア）

A: Could you get the worksheets, please?【157】

B: Sure. *Please remain seated.*

Ps: *All right.*

B:【ワークシートをもらってくる】 Here we go.【127】

A: Now shall we begin?【168】

C: Yes.

B: Do we have much time left? (時間は十分ありますか)

A: Well, we have 15 minutes to finish the task.

　　(えっと，課題を終えるのに 15 分あります)

関連表現

・Remain silent, please.（黙って静かにしていてください）

・Don't stand up, please.（立たないでください）

・Stay away, please.（近づかないでください）

・Stay calm, please.（落ち着いてください）

178

177 | Keep your hands off from the cards, please.
カードに手を触れないでください

ポイント

　ゲームなどをする際には，守らなければならない様々なルールがあります。Keep your hands off from the cards, please. は，「カードから手を離しておいてください，カードにはまだ触らないでください」と，グループのメンバーに注意喚起をするために使用するプレハブ表現です。

　英語の学習では，競い合って活動することもあるでしょう。そのような場合，勝ちたいばかりにルールを無視して進めようとする仲間も出てくる可能性があります。お互いに注意し合って，公平，公正を保って活動をしたいものです。

活用例（隣接ペア）

A: OK. We are ready to go.（準備はできているね）

B: Ayane, *keep your hands off from the cards, please.*

C: *Oh, I'm sorry.*

A: Are you ready?

C: Yes!

B: Ayane, stay back!（彩音，下がって！）【176 関連表現】

関連表現

・Put your hands on your knees.（手を膝の上に置いて）

・Put your hands on your head, please.

　（手を頭の上に置いてください）

・Please close your eyes.（目を閉じてください）

178 | Move back a little, please.
少し後ろに下がってください

ポイント

　Move back a little, please. は，列を作ったり，いろいろな隊列を組んで活動をする際に，「前がつまっているので，少し後ろに下がってもらえますか」と，後ろの人にお願いするときに使用するプレハブ表現です。

　下の関連表現にあるように，前に動いたり，左右に動いたりすることもあるので，これらの表現を状況に合わせてうまく使えるようにしたいものです。

活用例（隣接ペア）

T1: Now form four lines, please.

　　（じゃあ，4列に並んでください）【一斉に動く】

A: *Move back a little, please.*

B: *Oh, OK.*【後ろに下がる】

A: Thank you.　But that's too much.（でも，それは空け過ぎです）　Move forward, please.

B: This much?（これくらい？）

A: Perfect!　Thank you.

関連表現

・Move forward a little, please.（少し前に進んでください）

・Move to the right／left, please.（右（左）に動いてください）

・Move to the door, please.（ドアのほうに移動してください）

・Take two steps forward, please.（2歩前に進んでください）

179 | Let's lay the cards face up.

カードを表向きに並べましょう

ポイント

　英語の学習では，両面が印刷されているカードやワークシートを使う場合があります。Let's lay the cards face up. は，そのような状況で，「カードを表向き（表面を上）に並べましょう」と，仲間たちに行動を促すために使用するプレハブ表現です。

　'face up' は，文字通り「顔が上」「あおむけ」という意味なので，カードなどでは表面（おもてめん）ということになります。裏面は，'face down' です。

活用例（隣接ペア）

A: OK. Let's lay the cards.（カードを並べましょう）

B: *Face up or face down?*

C: *Let's lay the cards face up*, please.

Ps: *All right.*

C: Now put your hands on your head, please.

　　【177 関連表現】【全員が手を頭の上に置く】

A: Are you ready?

関連表現

・Face up, please.（表にしてください）【くだけた表現】

・Face down, please.（裏にしてください）【くだけた表現】

・Put the cards face down.（カードを裏にして置きなさい）

・Please lay the cards face down.

　（カードを裏にして並べてください）

180 | Let's talk face to face.
向かい合って話をしよう

ポイント

　Let's talk face to face. は，対話を始める前に，「お互いに向かい合って話をしましょう」と，相手に行動を促すときに使用するプレハブ表現です。

　英語での対話では，'eye contact'（目を合わせて）をするというのが対話するときの1つのマナーですが，じっと相手の目を見つめなくとも，向き合うことで自然な対話を実現することができると思います。

　なお，関連表現にあるように，英語で背中は 'back' なので，背中合わせは，'back to back' という表現になります。

活用例（隣接ペア）

A: Shall we have a talk?（話をしましょうか）

B: Yes, let's. *Let's talk face to face.*

C: *All right.* Who'll be my partner?（誰が私の相手をしてくれますか）

D: I will, Yuka.

関連表現

・Sit face to face, please.（向かい合って座ってください）

・Face each other, will you?（向かい合ってくれますか）

・Sit back to back, please.（背中合わせに座ってください）

・Line up hand in hand, please.

　（手をつないで一列に並んでください）

181 You're not allowed to do that.

それをしてはいけないよ

ポイント

You're not allowed to do that. は，許可されていないことやマナー上行ってはいけないことを相手がやっている，あるいは，やろうとしている状況で，相手を注意するために使用するプレハブ表現です。

You're not allowed to do that. を直訳すると，「君がそれをすることは許されていません」，転じて「君はそれをしてはいけません」という意味になったものです。

活用例（隣接ペア）

A: Wow! It's fun! (楽しい！)【机の上に乗ろうとする】

B: Akira, *you're not allowed to do that.*

A: *Oops!*

B: We can enjoy the activity. But no fooling around, please.
【115】

C: You're right, Mika.

B: Thank you, Goro.

A: I'm sorry …

関連表現

・You can't do that. (それをしてはいけませんよ)

・Don't do that. (やめなさいよ)【くだけた表現】

・You shouldn't do that. (それをすべきではありません)

・Stop it, please! (やめてください！)【98】

182 Let me finish, please.

最後まで聞いてください

ポイント

　誰かが話をしているときに，まだその人の話が終わらないのに，いきなり遮って割り込んでくる人がいます。マナー違反です。Let me finish, please. は，そのような場合に，「まだ話があるの，遮らないで，話を終わらせてください，最後まで聞いてください」と，相手に注意するために使用するプレハブ表現です。

活用例（隣接ペア）

A: … Hmm, he is a good tennis player … 【晴夏が話をしている】

B: *You know what?* 【58】【B が割り込む】

A: Excuse me. *Let me finish, please.*

C: Yeah, you shouldn't interrupt Haruka.
　（晴夏の話に割り込むべきではありません）【118】

B: I'm sorry.

C: Go on, Haruka.

A: Yes. Thank you. He is a good tennis player. He goes to the park on Sunday. I like watching his play.

関連表現

・Could you listen to me? （ぼくの話を聞いてくれますか）

・Don't interrupt me, please. （遮らないでください）【118】

・Wait a second. （ちょっと待ってください）【118 関連表現】

・I have something more to say.
　（もう少し話したいことがあります）

183 Takeshi is absent because he is sick.

武史は調子が悪くて欠席です

■ ポイント

Takeshi is absent because he is sick. は，友だちの武史君が具合いが悪くて欠席していることを担当教師や仲間に伝えるときに使用するプレハブ表現です。

この例は，'because' の後に具体的な欠席の理由を述べるパターンです。誰が欠席しているかを担任の教師は把握していても，外部講師や ALT には分からない場合があるので，Takeshi is absent. と一言声をかけてあげるだけでも，空席の友だちのことが伝わるので助かると思います。

■ 活用例（隣接ペア）

ALT: *Who is missing?*（休んでいるのは誰ですか？）

  A: *Takeshi is absent because he is sick.*

ALT: I see.　Thank you, Chika.

  A: You're welcome.　He caught a cold.（彼は風邪を引きました）

ALT: Oh, that's too bad.　Are you OK, Chika?

  A: Yes, I'm fine.　Thank you.

■ 関連表現

・Haruna is absent today.（今日春菜は欠席です）

・Yurika is absent from school today.

  （今日百合香は学校を休んでいます）

・Yoshio cut today's English class.

  （芳男は今日の英語の授業を休みました）

184 | What a messy desk!

机が散らかっているわよ

▌ポイント

　図工や美術の時間もそうですが，外国語（英語）の授業でも様々な文房具やノート，教科書，ハンドアウトなど，たくさん使用します。

　What a messy desk! は，友だちの机の上や中が整理整頓されずに散らかっている状況で，「どうしてこんなに散らかっているの，すごく散らかっているね，片付けなさいよ」と，その友だちに対して注意したり忠告したりするために使用するプレハブ表現です。

▌活用例（隣接ペア）

A: Goodness!（おやまあ）*What a messy desk*, Satomi!

B: *Sorry about that.*

A: We use many things. But put them back after using them.

B: I know.

A: Haruna's desk is very neat.

　　（春菜の机はすごくきちんとしていますよ）

C: Thank you, Yasuko.

▌関連表現

・How messy!（散らかっているわよ！）

・Clean up your desk.（机をきれいにしなさいよ）

・Put them back!（（使った物は）戻しなさいよ！）

・Don't make a mess.（散らかさないでください）

185 | Don't make me say the same thing over and over again.

ぼくに同じことを何度も言わせないでください

ポイント

　こちらが説明しているのに，それをちゃんと聞いていない人がいて，「え？何て言った，もう一回言って」などと頼んでくる人がいるものです。

　Don't make me say the same thing over and over again. は，このように，何度も聞き返してくる人に，「もういい加減にして，何度も同じことを言わせないで，ちゃんと人の話を聞いてよ」と，叱責するために使用するプレハブ表現です。

活用例（隣接ペア）

A: Akiko goes first. Then Satoru goes next. Is that OK?

B: Who goes first?

A: Wataru, *don't make me say the same thing over and over again.* Akiko goes first.

B: *Oh, I'm sorry.* I should pay more attention, right? 【174】

A: That's right.

B: Who goes next?【渉はやっぱり話を聞いていない】

関連表現

・Don't make myself repeat again.（再び私に言わせないで）

・Listen to me carefully.（注意して私の話を聞いてください）

・Wait a minute.（ちょっと待ってくれよ，もう一度言ってほしいだって）

・Again?（もう一回？）【呆れ顔で，くだけた表現】

186 Be serious!

まじめにやって！

■ ポイント

　外国語（英語）活動の授業では，ペアやグループで活動することが多く，一緒にリピートしたり，発音練習をしたりすることがよくあります。

　Be serious! は，そのような状況で，ちゃんと繰り返していない人がいたり，口パク状態できちんと練習をしていない人に対して注意をするために使用するプレハブ表現です。

　なお，Be serious! という表現は，相手が何かびっくりするような言動をしたときに，「真面目に言ってよ，馬鹿を言わないで，冗談でしょう」という意味になる場合があります。

■ 活用例（隣接ペア）

A: Let's do a final rehearsal. （最後のリハーサルをしましょう）

B: Let's go. 【リハーサルを始める】

A: Excuse me, Akira. *Be serious!*

C: *I am! I'm doing my best.*

A: I know, but say louder.

B: Your English sounds nice, but we can't hear you well.

C: All right. Let me try. （やってみるよ）

■ 関連表現

・No fooling, please. （ふざけないでください）【115】

・Practice more seriously. （もっとまじめに練習して）

・Repeat louder, please. （もっと大きな声で繰り返してください）

187 Please put up your hand.
手をあげてください

ポイント

　この表現は，誰から始めるかを決めるときに，やりたい人は手
をあげてください，と自主的に活動したい人を募る場合に使用す
るプレハブ表現です。

　外国語（英語）活動の授業では，自主的，主体的に活動に参加
することが期待される場面が多くあります。そのような場面では，
Who wants to try?（誰かやりたい人は？），続けて，Please put up
your hand. と仲間に声をかけることが望ましいでしょう。関連
表現に示すように，'put up' の代わりに 'raise' を使うこともで
きますが少し硬い表現です。

活用例（隣接ペア）

　A: OK. Who wants to try? *Please put up your hands.*

　Ps: …

　B: Well, nobody …

　C: *OK. Let me try.*【C が挙手】【102】

　A: Thank you, Ryoma.

　C: OK. Let me try.

関連表現

・Raise your hand, please.（手をあげてください）【やや硬い表現】

・Please say yes.（はい，と言ってください）

・Please raise both of your hands.（両手をあげてください）

188 | Any volunteer?

やってくれる人はいますか

ポイント

Any volunteer? は，グループ内で活動を進めている際に，発表などを自主的にやってくれる人は誰かいないかを他のメンバーに尋ねるために使用するプレハブ表現です。

Any volunteer? は，くだけた表現で，フルセンテンスで表現すれば，Is there any volunteer? となります。また，複数の人に参加してもらいたいときには，Any volunteers?　Are there any volunteers? と表現するとよいでしょう。

活用例（隣接ペア）

A: We need to have a presenter.（発表者が必要です）*Any volunteer?*

Ps: … 【少しの沈黙】

C: *Well, I'm not confident, but …*（自信はないけれど）

A: Sure.　Thank you, Tsutomu.　You can do it.

B: Then I'll hold the poster.

　　（じゃ，ぼくがポスターをもっていましょう）

関連表現

・We need someone to do this.（誰かにこれをやってもらう必要があります）【少し婉曲的な表現】

・Is there any volunteer?（やってくれるボランティアはいますか）【少々硬い表現】

・Who wants to join me?（ぼくと一緒にやってくれる人は？）

189 Let Sachiko have a turn.

幸子に交替しましょう

ポイント

Let Sachiko have a turn. は，なかなか発言できない人がいる場合に，その人に発言の機会を与えましょう，と他の仲間に提案するために使用するプレハブ表現です。

外国語（英語）の学習では，英語に自信があったり，外向的な人が発言交替の主導権を握ることがどうしても多くなると思います。でも，一人ひとりが発言する機会をもつことは大切ですので，気がついた人は，このような表現を使って消極的な人に発言交替の機会を与えるのは非常に重要なことです。

活用例（隣接ペア）

A: Any other opinions? （他に意見はありませんか）

B: Excuse me. *Let Sachiko have a turn.*

A: *Oh, OK.* We have not shared your idea, Sachiko. （まだ幸子の考えは共有していなかったね） Sachiko, go ahead.

C: Well, I agree with Takeru. But how do we know that Japan was part of the continent? （でも，日本が大陸の一部だったとどうしてわかるのですか）

関連表現

・It's Sachiko's turn. （幸子の順番だよ）【101】

・Sachiko wants to say something.
（幸子が何か言いたいことがあります）【116 活用例】

・Let Sachiko talk. （幸子に話してもらいましょう）

190 | You'll see.

今にわかりますよ

ポイント

You'll see. は，自分はこの先どうなるかわかっているのですが，仲間が，「これからどうなるの，どんな結果になるの」と尋ねた場合に，「そのうちわかりますよ，今にわかりますよ」と，もう少し待っていれば結果はわかりますよ，と安心させるためのプレハブ表現です。

'You' の代わりに，We'll see. のように 'We' を代用することがありますが，この場合は自分もこの先どうなるかわからないけど，皆さん，どうなるか様子を見ましょう，というニュアンスを表現します。

活用例（隣接ペア）

A: Are you OK, Fumika?

【文香がすごく緊張しているように見えたので】

B: I'm fine. *You'll see.*

A: *All right.* I'll see how it goes.（どのように進むのか見ています）【文香のパフォーマンスが終わる】

A: Fumika, well done! How wonderful!

B: Thank you for saying that.

関連表現

・Let's see.（さて）

・We'll see.（今にわかるでしょう）

・Let's wait and see.（待ってどうなるか見てみましょう）

PART
Ⅲ

仲間と英語学習を
進めるための
プレハブ表現

191 | Sorry?

何ですって？

■ ポイント

　対話をしているとき，相手の言っていることがよく聞き取れないことがあります。Sorry? は，「何ですって，よく聞き取れませんでした，もう一度言ってくれませんか」と，繰り返しをお願いするために使用する，少しくだけたプレハブ表現です（【11】を参照）。語尾を上げて上昇調に言うのがコツです。

　日本人は，聞き返すのは相手に失礼と思って繰り返しを依頼するのを控えがちです。しかし，相手が言っていることがよく聞き取れないと対話を円滑に進めることは困難です。何度も聞き返すのは避けたいですが，よく聞き取れなかったことを相手に伝えれば，語彙や表現を変えてゆっくりとわかりやすく言ってくれることもあるでしょう。

■ 活用例（隣接ペア）

　A: *We don't have much time left.* 【140】

　B: *Sorry?*

　A: We have only three minutes left. （あと 3 分しかないよ）

　B: I see. （わかった）【201】

■ 関連表現

・I'm sorry? （すみません，もう一度お願いします）

・Excuse me? （すみません，もう一度お願いします）【11 75】

・Pardon me? （もう一度言ってください）【121 関連表現】

・I beg your pardon? （もう一度お願いします）【少し硬い表現】

Once more, please.

もう一度お願いします

ポイント

Once more, please. は，対話の相手が述べたことが聞き取れな
かったり，意味がよくわからなかったりするときに，もう一度繰
り返してもらいたいことを具体的にお願いするために使用するプ
レハブ表現です。なお，関連表現にあるように，One more time,
please. も類似の表現です。ここでは 'Once' ではなく，'One' を
使用することに注意をしましょう。

活用例（隣接ペア）

A: *Satoshi, do me a favor, will you?* 【78】

B: What did you say?（え，何と言いましたか）【214】 *Once more,
   please.*

A: Can you do me a favor?

B: Oh, OK. How can I help you?

A: Can you say this?（この単語を言ってみてくれますか）【読め
   ない単語を指差して】【196 関連表現】

関連表現

・Say it again, please.（もう一度言ってください）

・Could you say it once more, please?
　（もう一度言っていただけませんか）【丁寧な表現】

・Can you say that one more time, please?
　（もう一度言っていただけますでしょうか）【丁重な表現】

・One more time, please.（もう一度お願いします）

---

193 | What?
何ですか？

ポイント

What? は，聞き取れなかったときに使用する，かなりくだけたプレハブ表現です。What did you say?（【214】）の簡略表現と考えればよいでしょう。

また，What? は，対話の相手が予想していなかった事柄を話題にしたときに驚きを表現するためにも使用します。I can't believe it!（信じられない！），It can't be true!（嘘でしょう！），You're kidding!（冗談でしょう！）などの表現が後続することが多いです。

活用例（隣接ペア）

A: *I'm so happy today.*（今日はとってもうれしいよ）

B: *What?*

A: I am very happy today.

B: I see, but why?（どうしてなの）

A: Well, I passed the Eiken test.【16 活用例】

B: That's great!　Congratulations!【16】

関連表現

・Sorry?（何ですって？）【191】

・Once more, please.（もう一度お願いします）【192】

・One more time, please.

（もう一度お願いします）【192 関連表現】

・Repeat it again, please.（もう一度繰り返してください）【195】

194 | I can't hear you.

聞こえません

ポイント

I can't hear you. は，仲間が発表したり，スピーチをしたりする場合に，声が小さくて聞き取りにくいため，「声が小さくて聞こえません，もう少し大きな声でお願いします」と依頼するプレハブ表現です。

発表者は，緊張のあまり，ついつい声が小さくなるものです。せっかくの発表なので黙ったままでいないで，I can't hear you. などと優しい調子で聞き取りにくいことを伝えてあげることも大切です。

活用例（隣接ペア）

A: Now it's your turn, Keiko.

B: OK. Let me begin my speech. I went to the beach.

C: Excuse me?【11】 *I can't hear you.* Speak louder, please.

B: *I'm sorry.* Now can you hear me?（聞こえますか）

C: Perfect!（完璧です）

関連表現

・Can't hear you.（聞こえないよ）【くだけた表現】

・I can't get it.（聞き取れません）

・Speak louder, please.（もう少し大きな声で話してください）

・Speak loudly, please.（大きな声で話してください）

・Could you speak more slowly, please?

（もう少しゆっくり話してくれますか）

195 Repeat it again, please.

もう一度繰り返してください

■ ポイント

　Repeat it again, please. は，対話の相手が言ったことが聞き取れなかったり，聞き取れたけれども発音しづらそうな表現だったりしたときに，もう一度同じ表現等を繰り返してくれるように依頼するプレハブ表現です。

　外国語（英語）の学習では，聞き取れるかどうかは非常に重要なので，【191】から【193】までの表現とともに，状況に応じてうまく使用できるようにしたいものです。

■ 活用例（隣接ペア）

A:　Are you a baseball player?（あなたは野球をしますか）

B:　What?【193】 *Repeat it again, please.*

A:　*All right.* Do you play baseball?

B:　No. No, I don't.

A:　Oh, I didn't know that.（知らなかったわ）

■ 関連表現

・Could you repeat it again, please?

　（もう一度繰り返していただけませんか）【丁寧な表現】

・Say it again, please.

　（もう一度言ってください）【192 関連表現】

・One more time, please.

　（もう一度お願いします）【193 関連表現】

・Once more, please.（もう一度お願いします）【192】

196 Say this, please.

これを言ってみてください

Say this, please. は，単語や表現の言い方や読み方を忘れた場合に，それを指差して対話の相手に言ってみたり，読んでみたりしてほしいと依頼するときに使用するプレハブ表現です。

外国語（英語）を学習する際には，経験したり，身につけたりしなければならない語彙や表現がたくさんあります。したがって，既習の語や表現であっても，外国語（英語）の音として思い出せないものも出てきます。そのような場合は，遠慮せずに学習仲間に言ってもらったり，読んでもらったりすると学習が大きく前進します。

活用例（隣接ペア）

A: What's wrong, Nanako?【09 関連表現】

B: Hmm … *Say this, please.*

A: Which one?（どっち？）

B: This word.（この単語です）

A: *OK.* [feivərət] {favorite}.

B: Ah, 'favorite.' Thank you, Goro.

関連表現

・Can you say this?（これを言ってください／読んでください）

・How do you say this?（これはどう言いますか／読みますか）

・Could you read this word for me?

　（この単語を読んでもらえますか）【丁寧な表現】

197 | What's this in English?
これは英語で何と言いますか

ポイント

　What's this in English? は，目の前にある物などを英語で何というのかがわからなくて，「これは英語で何と言いますか」と，友だちや ALT，教師に尋ねるときに使用するプレハブ表現です。この表現パターンを使えば，例えば，What's 'gakki'（楽器）in English? のように，'this' のところに尋ねたい日本語を入れて新しい語彙や表現を覚えるのにたいへん役に立つ表現です。

活用例（隣接ペア）

A: Aika, can I use … *What's this in English?*

B: *Well, it's a compass.*（えっと，コンパスだよ）

A: Ah, a compass!　Our 'konpasu' comes from English.（日本語のコンパスは英語から来てるんだ）

B: That's right.

A: Very interesting!（おもしろいね）

関連表現

・How do you say 'ichirinsha' in English?

　（一輪車を英語でどう言いますか）【217】【一輪車は 'unicycle'，二輪車は 'bicycle'。'bi-' は 2 つという意味】

・What do you call this in English?

　（これを英語で何と呼びますか）【210】

・How can I say this in English?

　（これを英語で何と言ったらいいですか）

198 | In English?

英語では？

ポイント

　In English? は，英語の言い方がわからない場面で語尾を上昇調に発音して，「これを英語で何と言いますか，英語で何ですか，英語では？」と相手に尋ねる，少しくだけたプレハブ表現です。

　'In' の後には，'Korean'（韓国語），'Spanish'（スペイン語），'Italian'（イタリア語），'French'（フランス語），'Chinese'（中国語）などの言語名が使われます。

活用例（隣接ペア）

A: What's this?

B: 'Keshi-gomu.'

A: *In English?*

B: *'Eraser.' It's an eraser.*

A: Ah, 'eraser.'

B: Uh-huh.

A: I see. Thank you.

B: My pleasure.

関連表現

・How do you say this in English?

　（これを英語でどう言いますか）【197 関連表現】

・What do you call this in English?

　（これを英語で何と呼びますか）【197 関連表現】

・What's this in English? （これは英語で何と言いますか）【197】

199 | Look at this.
これを見て

■ ポイント

Look at this. は，学習中に相手に何かを見てほしい，見てもらいたいときに使用するプレハブ表現です。

目の前にある物などに対して何か驚きがある場合に，「ちょっとこれ見て，すごいよ」などと，相手の注意を引く機能としても使用します。

■ 活用例（隣接ペア）

A: I'm through.

B: Well done! Wow, *look at this*!

C: *What is it?*【209 関連表現】

B: Tomoe's handwriting.（朋恵の手書きの文字）

C: My goodness!（おやまあ，まったく！）

B: Isn't it beautiful?（すごくきれいじゃない）

D: It is!（確かにきれいだ！）

C: Amazing!（すばらしい！）

A: Thank you, my friends!

■ 関連表現

・Look!（見て！）【くだけた表現】

・Look at that.（あれを見て）

・Have a look at this, please.（ちょっとこれを見てください）

・Could you look at this, please?
（これを見てくれますか）【丁寧な表現】

Good idea.
賛成です

Good idea. は，対話の相手が何らかの提案したことに対して，「それはいい考えだ，私は賛成です」と，同意を述べるときに使用するプレハブ表現です。

友だちなどと交流する場合には，意見の一致，不一致の場面があります。相手の考えを評価した上で，自分の立場を表明するのはコミュニケーション活動においてはたいへん重要なことです。Good idea. で賛成の意を表明できますが，賛成しない場合でも，Well, it's a good idea. But I don't think ... などと，まずは，相手の意向を受け入れてから自分の意見を述べることが大切です。

活用例（隣接ペア）

A: OK. Let's talk about our topic. (話題について話をしよう)

B: *How about shopping?* (買い物はどうですか)

A: *Good idea.*

B: Do you like shopping?

A: Yeah. I like it.

B: Good.

関連表現

・That's a good idea. (それはいい考えだ／賛成だ)

・I agree. (ぼくは賛成です)

・It's a nice idea. (それはいい考えだ)

・I have no idea. (私にはわかりません) 【224】

201 | Oh, I see.
ああ，わかった

ポイント

　Oh, I see. は，何か腑に落ちないことがあって対話の相手と話しているうちに，何かのきっかけで，「ああ，そうだったのか，なるほど，わかった」と，理解したことを相手に伝えるために使用するプレハブ表現です。

　'Oh' は，驚きや喜び，称賛，失望などを表す言葉（間投詞）で，'Ah' も同様の場面で使われます。ただし，'Oh' の場合は，予期せぬ事態になったときに，'Ah' は事前に予想していたことが現実になったときなどに使用されることが多いことに注意しましょう。

活用例（隣接ペア）

A: Do you like playing tennis?

B: *No. I don't like it. But I like swimming.*

A: *Oh, I see.* You like swimming. I didn't know that.

B: How about you, Hayato?

A: Well, I like playing soccer, you know.

関連表現

・Oh, I got it. （ああ，わかった）

・Oh, I understand. （ああ，理解しました）

・That makes sense. （なるほどね，それでわかった）

・Indeed. （実にその通り）

・Ah, I see. （ああ，やっぱり／なるほど）

202 Good choice.

いいのを選んだね

ポイント

Good choice. は，対話の相手が選んだ話題やテーマなどについて，「いい選択だね，いいのを選んだね」と，相手をほめるときに使用するプレハブ表現です（【200】を参照）。You made a good choice. の短縮形と考えればよいでしょう。

洋服や文房具などにはいろいろな種類があり，人によって好みは異なります。この表現は，「いいのを選んだね，すてきだね，いいね」などと，相手の選択について称賛，ほめる表現としても使用できます。

活用例（隣接ペア）

A: Here is our zoo. We have a tiger, an elephant, a monkey.

B: What else?（ほかには？）

C: Hmm … *How about a lion?*（ライオンはどうですか）

B: *Good choice.*

A: One more?

C: How about a giraffe?（キリンはどうですか）

B: Another good choice, Tomoe.

関連表現

・You made a good choice.（いい選択をしましたね）

・I like your choice.（君はいい選択をしたと思うよ）

・Nice choice.（いいのを選んだね）

・Wise choice.（賢い選択だね）

203 | This is the correct card, right?

これが正しいカードだよね

■ ポイント

　This is the correct card, right? は，自分の選んだカードが正しいものかどうかを友だちなどに確認するために使用するプレハブ表現です。特に，文末の 'right' に注目しましょう（【38 関連表現】）。この一語で，「選んだのが正しいかどうかを確認したいので，正否を教えてください」という意味を対話の相手に伝えることができます。大変便利な言葉です。

　学習においては曖昧なまま物事を放置しておくのはよくありません。このような小さな一言でも学習に大きな力を発揮します。

■ 活用例（隣接ペア）

A: Take one card, Takeshi. (武史，カードを 1 枚取って)

B: Well … *this is the correct card, right?*

A: *No, not really.* (いいや，違いますね)

B: This one?

A: That's right.

B: Good.

■ 関連表現

・Correct card, right? (正しいカードだよね)【くだけた表現】

・Is this the correct card? (これが正しいカードですよね)

・This is the correct card. Is that right?

　(これが正しいカードです。そうですよね)

・This is the correct card, isn't it? (これが正しいカードだよね)

204 | Let me see.

えっと，そうですね

■ ポイント

Let me see. は，対話の相手に何か質問されて，「えっと，そう
ですね，ん，さて」などと，答えに迷ったり，何か発言しようと
したりして記憶を探ったりするときに使用する，時間稼ぎのため
のプレハブ表現です。

英語での対話の場合は，沈黙はできるだけ避けなければなりま
せん。質問されて答えに窮しても，Let me see. などの表現で少
し間を持たすことができれば，対話の不自然さを多少なりとも軽
減することができます。

■ 活用例（隣接ペア）

A: May I ask you a question? (1 つ質問していいですか)

B: Sure. What is it?

A: *What do you do on Sunday?* (日曜日は何をしますか)

B: On Sunday. *Let me see.* Well, I go to school for 'shogi.'
   (えっと，将棋の学校に行きます)

A: I see. You are a good 'shogi' player, right? 【203】

B: Well, I like it, but I'm just a beginner.
   (えっと，将棋は好きだけど，まだ初心者ですよ)

■ 関連表現

・Umm … (ん，えっと)

・Well … (さて)

・Well, let me see. (さて，えっと)

205 | Is my answer correct?

ぼくの答えはあっていますか

ポイント

　Is my answer correct? は，対話の相手や教師の質問に対する自分の答えがあっているかどうかを友だちなどに確かめるときに使用するプレハブ表現です。

　関連表現にあるように，「ぼくの答えは間違っていますか」の場合は 'wrong' を使い，Is my answer wrong? となります。英語でのコミュニケーションは，ポジティブな表現でやり取りするのが好まれます。したがって，'wrong' よりも 'correct' を選択するほうが望ましいでしょう。

活用例（隣接ペア）

　T1:　What day comes after Tuesday?

　　　　（火曜日の後に来る曜日は何ですか）

　A:　Let me try!

　T1:　OK, Haruka-san.

　A:　It's Wednesday. *Is my answer correct?*

　T1:　*Is Haruka-san's answer correct, class?*

　　　　（皆さん，晴夏さんの答えはあっていますか）

　Ps:　*Yes!*

関連表現

・Is my answer right?（私の答えはあっていますか）

・Do I have a wrong answer?（私の答えは間違っていますか）

・Am I wrong?（私は間違っていますか，悪いですか）

206 | Pardon me?

もう一度お願いします

ポイント

Pardon me? は，対話の相手が発話したことが聞き取れなかったときに，もう一度言ってください，とお願いするために使用するプレハブ表現です。Excuse me?（【75】）と同様に，Sorry?（【191】）や What?（【193】）よりも少しあらたまった表現です。

また，Excuse me.（【11】）と同様に，Pardon me. と下降調に発話すると，「すみません，ちょっと失礼」などの意味で，くしゃみやあくび，足のつまずきなどのささいな過ちに対する謝罪表現としても使用します。

活用例（隣接ペア）

A: When is your birthday, Naomi?

B: It's June 28.

A: *Pardon me?*

B: *June 28!*

A: I see. Thank you. July 28 …

B: No! It's June 28!

関連表現

・I beg your pardon?（もう一度お願いします）【191 関連表現】

・Excuse me?（すみません，もう一度お願いします）【75】

・Sorry?（何ですって？）【191】

・Once more, please.（もう一度お願いします）【192】

・Repeat it again, please.（もう一度繰り返してください）【194】

207 | I think so, too.
ぼくもそう思います

ポイント

I think so, too. は，対話の相手が発話したことに対して同意するときに使用するプレハブ表現です（【233】参照）。

'so' は，対話の相手が述べた内容（命題）全体を受けます。例えば，対話の相手が，It's going to rain tomorrow.（明日は雨になるだろう）と述べたのに対して I think so, too. と返したとすれば，「ぼくも明日は雨になると思います」という意味になります。

活用例（隣接ペア）

A: It's getting colder. （寒くなってきたね）

B: *It's going to snow tomorrow.* （明日は雪が降りそうだね）

A: *I think so, too.*

B: Winter is coming. （冬が近づいてきているね）

A: Sure, it is.

B: Do you do any winter sports? （冬のスポーツは何かやりますか）

A: Well, I like skiing.

B: Oh, do you?

関連表現

・I think so. （そう思います）

・I don't think so. （私はそう思いません）

・I guess so. （そういうことだと思います）【少し自信なげに】

・I suppose so. （そうなんだと思います）【自信なげに】

208 | Do you know 'zebras'?

ゼブラを知っていますか

ポイント

Do you know 'zebras'? は，対話の相手に対してゼブラという動物のことを知っているかどうかを尋ねるときに使用するプレハブ表現です。状況にもよりますが，この表現は，「ゼブラという動物を話題にしましょう」「一緒に動物園にいきませんか」などという推意を暗示する表現としても使用できると思います。

なお，'zebras' のところに別の事柄（日本文化に関わるものや英語文化に関わるものなど）を代入するといろいろな状況で使用できる表現です。

活用例（隣接ペア）

A: What animal do we choose?（どの動物を選ぼうか）

B: Hmm … *Do you know 'zebras'?*

A: *Yes. 'Shima-uma' in Japanese, right?*（日本語ではシマウマでしょう）【203】

B: That's right.

関連表現

・Do you know anything about 'zebras'?

（シマウマについて何か知っていますか）

・Do you have any idea about 'zebras'?

（シマウマのことを何か知っていますか）

・I don't know anything about Halloween.

（ハロウィンについては何も知りません）

209 What's this?

これは何ですか

ポイント

What's this? は，近くにある物が何かわからず，友だちなどに尋ねるときに使用するプレハブ表現です。少し離れた場所にある物を指して問う場合には，What's that? と 'that' を使います。

英語でのコミュニケーションにおいて，目の前にある物を英語で何というか思い出せなかったり，まったくわからなかったりする場合があるものです（【197 198】）。そのようなときには，ただ沈黙せず，対象物を指差して（ポインティング）What's this? と援助を求めるとコミュニケーションが円滑に進むことがあります。

活用例（隣接ペア）

A: Hmm ... 【かき氷の絵を指差して】

B: What's the matter? 【09 関連表現】

A: Hmm ... *What's this?*

B: *Ah, it's shaved ice, 'kaki-gori.'*（あ，かき氷ですよ）

A: Oh, I see. Shaved ice. Thank you, Yoshio.

関連表現

・What's that?（あれは何ですか）【遠くの物を指して】

・What do you have in your hand?

　（君の手の中にある物は何ですか）

・What is it?（何ですか）【質問してもいいですか，と問われて】

・What do you call this?（これを何と言いますか）【210】

What do you call this?

これを何と言いますか

ポイント

英語でのコミュニケーションにおいては，沈黙は罪です（Silence is guilty.）。英語表現がわからないという壁にぶつかったときには，遠慮せず，恥ずかしがらずに対話の相手に助けてもらうのが一番です。対話というのは，お互いに助け合って，支え合って，協調の上に成立するという前提があるからです。

What do you call this? は，'in English'（【197 関連表現】）を付けてもいいですが，これだけでも，「何というのか忘れてしまったので助けてください」というメッセージを相手に伝えることができます。

活用例（隣接ペア）

A: Do you like …

B: What?

A: Hmm, do you like … *What do you call this?*

B: Cucumber?【'cucumber' はキュウリ】

A: No, this one.

B: *Ah, green pepper!*（あー，ピーマンだよ）

関連表現

・What's this?（これは何ですか）【209】

・How do you say this in English?

（これを英語で何と言いますか）【197 関連表現】

・What's this in English?（これは英語で何ですか）【197】

211 | You read English three times faster than I do.
君はぼくより 3 倍速く英語を読みますね

ポイント

　自分よりも何倍も速く走れたり，英語を読めたりする仲間がいるものです。この表現は，仲間の読む速さに驚いて相手を称賛するために使用するプレハブ表現です。

　この表現中の 'time' は，「～回，～度」という意味です。関連表現にあるように，2 回（度）は，'twice' を使用しますが，その他の倍数は，'times' の前に倍数となる数字を入れて表現します。

活用例（隣接ペア）

A: I can't believe it.

B: What is it?

A: *You read English three times faster than I do.*

B: *Thank you for saying that.*【89 関連表現】

A: How do you practice it?（どうやって練習をするの）

B: Well, I'm not doing anything special.　But I try to read English almost every day.

A: Ah, now I understand.（あ～，それでわかりました）

関連表現

・You run twice as fast as I do.（君は私より 2 倍速く走ります）

・Tomoe brushes her teeth ten times a day.
　（朋恵は 1 日に 10 回も歯を磨きます）

・How many times do you play tennis in a week?
　（あなたは 1 週間に何度テニスをしますか）

What can you see?

何が見えますか

ポイント

What can you see? は，対話の相手とお互いに手にする絵について何が見えるか，などについてやり取りする「間違い探し (Find differences)」活動をするときなどに使用できるプレハブ表現です。

このプレハブ表現は，視覚情報についてだけではなく，聴覚情報についても，What can you hear? のように 'hear' を使用することもできます。

活用例 (隣接ペア)

A: Now let's get started. 【106】【間違い探し活動を始める】

B: All right. I'll go first. *What can you see?*

A: *Umm … I can see two birds in the sky.* (えっと，鳥が2羽空を飛んでいるのが見えます)

B: Two birds in the sky. OK.

A: What can you see, Hitomi?

B: Well, one elephant near the house. (家の近くに象が1頭見えます)

関連表現

・What do you see here? (ここに何が見えますか)

・What are there? (そこに何がありますか)

・Are there any animals in the picture?

 (その絵には動物がいますか)

213 Tell me your opinion, please.

あなたの意見を聞かせてください

ポイント

Tell me your opinion, please. は，賛否両論あるような話題について，対話の相手がどのように思うか，意見を聞くときに使用するプレハブ表現です。

日本語の「考え，意見」に相当する英単語の 1 つに，'idea' がありますが，この語は，賛否についての判断というよりは，どちらかと言えばある事柄についての制限のない自由な案，着想，思いつきなどについて議論する状況で使われることが多いです。

活用例（隣接ペア）

A: Let's begin today's small talk.

B: OK. Sports or school subjects for our topic?

A: *Tell me your opinion, please.*

B: *Well, how about school subjects?*

A: Good idea. Your favorite subjects are …

B: Of course, PE and English!

関連表現

・Your opinion?（あなたの意見は？）【くだけた表現】

・Could you tell us your opinion?（あなたの意見を私たちに聞かせてくれますか）【丁寧な表現，**256**】

・Give me your opinion, please.（君の意見を教えてください）

・What do you think about that?

（あなたはそれについてどう思いますか）

214 | What did you say?

え，何と言いましたか

ポイント

　対話の相手が発話したことがよく聞き取れなかったらコミュニケーション活動は円滑に行えず，英語の学習も進みません。もう一度言ってください，とお願いする表現はたくさんありますが（Sorry?〔**191**〕），What?（〔**193**〕），Pardon me?（〔**206**〕）など），What did you say? は，相手が何と言ったか直接的に問うときに使用するプレハブ表現です。

　また，What did you say? は，状況によっては，「今何て言ったの」と，皮肉っぽく相手を叱責するときにも使用します。

活用例（隣接ペア）

A: I'm crazy about Japanese folk stories. （ぼくは日本の昔話に夢中なの）

B: *What did you say?*

A: *Japanese old stories.*

B: Ah, Japanese folk stories, 'mukashi-banashi.'

A: That's right.

関連表現

・I didn't get it. （わかりませんでした／聞き取れなかった）

・What?（何ですか？）【**193**】

・Sorry?（何ですって？）【**191**】

・Once more, please.（もう一度お願いします）【**192**】

・Repeat it again, please.（もう一度繰り返してください）【**194**】

215 | For example?

例えば？

▌ポイント

For example? は，話題にしていることに関して対話の相手に具体的な例を示してほしいと依頼するために使用するプレハブ表現です。

英語でのコミュニケーションの場合，まず結論（命題）を述べ，その上でその根拠や具体例を示すことに慣れておく必要があります。日本語でのコミュニケーションの場合，具体例をあげなくても相手は察してくれることが多いです。

▌活用例（隣接ペア）

A: Rumiko, what is your favorite food?（留美子，好きな食べ物は何ですか）

B: Well, I like vegetables.

A: Vegetables! Great. *For example?*

B: *Hmm, I like carrots the best.*

A: Really?

▌関連表現

・Could you give me an example?

　（例を 1 つあげてくれますか）【丁寧な表現】

・Say …（例えば…）

・Name a few, please.（2, 3 例をあげてくれますか）【246】

・Such as carrots.（例えば，ニンジンとか）

・For instance?（例えば）【少し硬い表現】

216 Say this in Japanese, please.
これを日本語で言ってもらえますか

ポイント

　教科書や資料を見ていて，どうしても対応する日本語がわからない英語が出てくるものです。Say this in Japanese, please. は，そのような状況において，「これ，日本語で何だったでしょうか」と，友だちなどに尋ねるときに使用するプレハブ表現です。

　英語の学習は，英語を使って行うのが望ましいのはもちろんですが，だからといって日本語を完全に排除する必要はありません。必要に応じてうまく使っていくことが望ましいと思います。

活用例（隣接ペア）

A: Mmm …

B: May I help you?【70 関連表現】

A: Yeah. *Say this in Japanese, please.*【'mountain' を指して】

B: *Sure.* 'Yama.'

A: Ah, 'Yama.' I see. Thank you.

B: No problem.

関連表現

・What's this in Japanese?（これは日本語で何ですか）【197】

・In Japanese?（日本語では？）【198】

・How do you say this in Japanese?
　（これを日本語で何と言いましたか）【197 関連表現】

・What is the Japanese word for this?
　（これに対する日本語の単語は何ですか）

217 | How do you say 'ichirinsha' in English?
一輪車を英語でどう言いますか

■ ポイント

　How do you say 'ichirinsha' in English? は，ある日本語の語・句・表現（この例の場合は「一輪車」）に対応する英語がわからないときに，「一輪車は英語で何と言いますか」と，友だちや教師に助けを求めるときに使用するプレハブ表現です。

　'ichirinsha' のところに，いろいろな日本語を入れると，様々な状況で使用できる便利な表現です。英語の単語や句，表現を身につける際に大いに役立つプレハブ表現です。

■ 活用例（隣接ペア）

A:　What is your favorite sport, Junko?

B:　Umm … *How do you say 'ichirinsha' in English?*

A:　*Unicycle.*

B:　Ah, unicycle.　My favorite sport is riding a unicycle.

A:　Wow.　That's great!【相づち】

■ 関連表現

・What's 'hanabi' in English?（花火を英語で何と言いますか）【198 関連表現】【花火は 'fireworks'】

・What do you call 'hina-matsuri' in English?（ひな祭りを英語で何と呼びますか）【198 関連表現】【ひな祭りは 'the Doll Festival'】

・How can I say 'tanabata' in English?（七夕を英語で何と言ったらいいですか）【197 関連表現】【七夕は 'the Star Festival'】

218 | How do you spell [dʒim]{gym}?

ジムはどう綴りますか

■ ポイント

発音はわかるのですが，綴りがわからないときがあります。
How do you spell [dʒim]{gym}? は，「ジム」の綴りを仲間に尋
ねるときに使用するプレハブ表現です。なお，'gym' は，'gym-
nasium' の短縮形です。

アルファベットの大・小文字にある程度慣れてくると音で慣れ
親しんだ語や表現を文字でどう書くのか知りたくなるものです。
音声と綴り字が一致しない場合もありますが語句をしっかり身に
つけるという意味でも綴り字を確認することは大切な学習です。

■ 活用例（隣接ペア）

A: Let's make cards, shall we?【106 関連表現，168】

B: All right. But *how do you spell [dʒim]{gym}?*

C: {G-i-m}?

A: *No, it's {g-y-m}.*

B: {G-y-m}. Right?

A: That's right.

■ 関連表現

・Spelling?（綴りは？）【くだけた表現】

・What's the spelling?（綴りはどうですか）

・Can you spell [laibrəri]{library}?（ライブラリーを綴れますか）

・How do you write [sizərz]{scissors} in English?
　（シザーズを英語でどう書きますか）

219 Let's read this aloud.
声に出してこれを読みましょう

ポイント

　声に出して読む行為，音声と文字とを一致させる活動，すなわち，音読は英語を身につけるには大切な学習活動の１つです。

　Let's read this story aloud. は，ペアあるいはグループで一斉に音読しよう，と提案するときに使用するプレハブ表現です。

　音読する際に注意したいのは，ただ単に文字を音声にするというのではなく，情感も含めて，書いてある内容が正しく聞いている人に伝わるように読むことです。

活用例（隣接ペア）

A: Finished!【ペアのスキット原稿が完成】

B: Now *let's read this aloud.*

A: *Yes, let's.*

B: One, two!【声をそろえて】

Ps: What do you want to be when you grow up? I want to be a doctor because I would like to help people …

関連表現

・Could you read it aloud?

　（声に出して読んでもらえますか）【丁寧な表現】

・Read it out loud.（声に出して読みなさい）

・Read it silently, please.（黙読してください）

・Please read it loud and clear.

　（大きな声ではっきりと読んでください）

220 | I'll play Takeshi next time.

次はぼくが武史役をやろう

ポイント

I'll play Takeshi next time. は，役割を替えて対話の練習をし
たり，音読をしたりするときに使用するプレハブ表現です。

「武史役」は，'Takeshi's role' とも言い，したがって，I'll play
Takeshi's role next time. と表現することもあります。

仲間と英語学習をする場合には，役割演習（role-play）する機
会がたくさんあるので，状況や場面に応じてこの表現を適切に使
いながら英語の学習を進められるようにしたいものです。

活用例（隣接ペア）

A: 【対話練習を1回終わった後で】Well done, Hiromi.

B: Thank you, Makoto. You did a good job, too. Now *I'll
play Takeshi next time.*

A: *All right.* So I'll play Mark then.

B: Got it!

A: Shall we? 【168 関連表現】

B: I'm ready. Let's go.

関連表現

・I'll play the role of John.

（ぼくがジョン役をやりましょう）【154 関連表現】

・I'll be Mary. （私がメアリー役をやりましょう）

・Let's change roles. （役割を替えましょう）【154】

・Let's do a role-play activity. （役割演習をやりましょう）

221　I think his answer is correct.

彼の答えは正しいと思います

ポイント

　I think his answer is correct. は，誰かの答えが正しいか，間
違っているか，いずれと思うかを問われた際に，自分の判断を述
べるためのプレハブ表現です。

　'I think X.' という形をとり，X の内容に肯定の立場を取るこ
とを表明し，一方，'I don't think X.' とすると否定の立場にな
ります。X のところにいろいろな文を代入すれば，かなり幅広
い状況や場面で使用できる表現です。

活用例（隣接ペア）

　T1: What does this 'it' refer to?（この it は何を指していますか）

　A: Let me try!【102】

　T1: All right, Masao. You try.

　A: Well, I think it's basketball.

　T1: Basketball … *Is it correct?*

　B: Yes, *I think his answer is correct.*

関連表現

・I don't think her answer is wrong.

　（彼女の答えが間違っているとは思いません）

・Daiki's opinion is great, I think.（大樹の意見はすごくいいと思
うよ，ぼくは）【'I think' を文末に置く場合】

・I hope you like my idea.

　（ぼくの考えを受け入れてくれることを願うよ）

222 | I wonder.

果たしてどうなんだろうね

ポイント

I wonder. は，対話の相手などが述べた事柄について，自分は疑わしいと思っている状況で，「自分はそうではないのではないかと疑っていますよ」と，疑念を伝えるときに使用するプレハブ表現です。

I wonder は，文末において，話者の不安や疑いの気持ちを表現する際にも使用します。

活用例（隣接ペア）

A: *Does Kimiko like to play kendo?*

B: *I wonder.*

A: What do you think about it, Chieko?

C: Let me go back to the textbook.（教科書を見てみます）

B: That's a good idea.

関連表現

・Does he like it, I wonder.（彼は果たしてそれが好きなのだろうか）
　【文末にくる例，疑問符が付く場合もあります】

・Haruka doesn't like curry and rice, I guess.
　（晴夏はカレーライスが好きではないんじゃないかな）【不確かさや躊躇を表現し文頭に来ることも】

・No doubt, she loves apples.
　（彼女が，リンゴが好きなのは疑いないよ）

・I doubt it.（それは疑わしい）【直前の発話の内容を受けて】

223　Can I have a look?
見せてもらっていいですか

ポイント

カンニングをするわけではありませんが，友だちがどのような事柄を書いたのか，どのような絵を描いたのか，を確認するために見せてもらいたいときがあるものです。

Can I have a look? は，このような状況において，「ちょっと見せてもらえますか」と，許可を求めるときに使用するプレハブ表現です。なお，見せてもらいたい物を具体的に述べる場合は，Can I have a look at your sheet? (あなたのシートを見せてもらっていいですか) のように表現します。

活用例 (隣接ペア)

A: I'm finished! 【ワークシートの記入が完了】

B: How quick! *Can I have a look?*

A: *Sure.* Here you are.

B: Thank you. ... 【見せてもらって】I see.

A: Can I see yours? (君のを見せてもらっていいですか)

関連表現

・Can I see it? (見てもいいですか)

・Could I see yours?

　(君のを見せてもらっていいですか)【丁寧な表現】

・May I? (いい？)【くだけた表現，状況により見せてもらいたいものがわかる場合】

224 | I have no idea.

私にはわかりません

224

ポイント

I have no idea. は，誰かに質問されて，答えがまったく見当もつかないときに使用するプレハブ表現です。I don't know.（ぼくにはわかりません）よりも強い意味があります。

I have no idea what to do.（何をしたらいいかさっぱりわかりません）と，わからない事柄を具体的に後続させることもできます。

活用例（隣接ペア）

A: I'll give you a quiz.（クイズを出しますよ）*What is the shortest month of the year?*（一年で最も短い月は何ですか）

B: Let me try! It's February.

A: Good try, but it's not.

B: What? *I have no idea.*

C: *I got it!* Pick me! 【102 関連表現】

A: OK. Shoko, try.

C: It's May! 【スペリングが最も短い月】

A: That's right!

関連表現

・No idea.（知りません／わかりません）

・I don't know.（ぼくにはわかりません）

・It doesn't make sense to me.

　（私には（意味が）わかりません）【211 関連表現】

227

225　What do you think of his opinion?

彼の意見をどう思いますか

■ ポイント

誰かの意見や考えについての評価や意見を求める場合がありま
す。'What do you think of X?' は，そのような場合に「X をど
う思いますか」と，対話の相手などに尋ねるときに使用するプレ
ハブ表現です。

関連表現にあげたように，'think about X' という類似表現が
あります。'think of' は，良いか，まあまあか，あまり良くない
か，などの「評価」を尋ねるときに使うことが多いようです。

■ 活用例（隣接ペア）

A: Let me ask your opinion. *What do you think of his opin-*
ion, Mariko?

B: *Well, I like it, but I have a different opinion.*

A: OK. Tell me your opinion, please.【213】

B: Yes. My answer is 'No.'

A: Uh-huh. Why is that? (それはなぜですか)【234】

■ 関連表現

・What do you think of my plan?

(ぼくの計画をどう思いますか)

・What do you think of their presentation?

(彼らの発表をどう思いますか，評価を教えてください)

・What do you think about that news?

(あのニュースについてどう思いますか，意見を聞かせてください)

226 | I agree with Arisa's opinion.

私は有理沙の意見に賛成です

ポイント

　誰かの意見や考えに対して，賛成か，反対かの意見を求められることがあります。

　I agree with Arisa's opinion. は，有理沙という仲間の意見に自分は賛成であることを表明するときに使用するプレハブ表現です。関連表現に列挙したように，賛否を表す表現はたくさんあります。すべて使える必要はありませんが，状況や場面に応じていくつか使えるようにしておきましょう。

活用例（隣接ペア）

A: *What do you think?*

B: *Hmm … I agree with Arisa's opinion.*

A: *OK. But why?*

B: Well, because Sakura said it was getting colder outside.

A: I see. （なるほど）

関連表現

・I agree with Daigo. （私は大吾に賛成です）

・I'm on Kaoru's side. （私は薫に賛成です）【76】

・I'm with Erika. （ぼくは恵里佳に賛成です）

・I don't agree with Nobu's opinion. （私は信の意見に反対です）

・I'm against his opinion. （私は彼の意見に反対です）

・I disagree with Keisuke's decision.

　（ぼくは啓介の決定に反対です）

---

227 | I don't understand this part.
この部分がわかりません

ポイント

I don't understand this part. は，自分が読んでいる文，文章や聞いている物語の一部が理解できないときに使用するプレハブ表現です。

外国語（英語）の学習を進める場合には，とにかく，わからないことがあれば友だちや教師に，わからないことを正直に伝えることが大切です。曖昧なままにしておくと，きちんとした英語力は身につきません。

活用例（隣接ペア）

A: Hmm … 【何かに困っているような表情】

B: What's wrong, Miharu-chan? 【09 関連表現】

A: *I don't understand this part.*

B: *Let me see* … I think … in India they don't use this kind of curry.

A: Ah, now I understand! Thank you, Jun-kun.

関連表現

・I don't understand this word.（この単語がわかりません）

・This part doesn't make sense to me.

　（この部分の意味がわかりません）

・I can't understand the story.（その話が理解できません）

・Could you help me understand this part?（この部分がわかるように助けて（教えて）くれませんか）【丁寧な表現】

228 | I don't understand this sentence.

この文がわかりません

ポイント

英語の学習が進むと，少しずつ長く複雑な文が出てきます。I don't understand this sentence. は，具体的に何がわからないかははっきりしないが，ある文に何かすっきりしない部分があるときに使用するプレハブ表現です。

意味や構造（主語や述語，形容詞など），文法など，具体的にわからないことがあるときには，関連表現にあげたように，'meaning'（意味），'structure'（構造），'grammar'（文法）などの語を使用して表現するとよいでしょう。

活用例（隣接ペア）

A: Let's read the story aloud. 【219】

B: Wait a second, please. 【96】

A: *Any problem?*（何か問題でも？）

B: Well, you know, *I don't understand this sentence*.

A: Which one?（どれ？）

関連表現

・I don't understand the meaning of this sentence.

（この文の意味がわかりません）

・I don't understand the structure of this sentence.

（この文の構造がわかりません）

・I don't understand the grammar of this sentence.

（この文の文法がわかりません）

229 Give us a hint, please.
ヒントをください

ポイント

Give us a hint, please. は，ペアあるいはグループでクイズ形式の活動を進めている際に，答え等がわからず，ヒントを依頼するときに使用するプレハブ表現です。

ペアで活動しているときには 'me' を，他のメンバーがいるグループで活動しているときには 'us' を使うことになります。

活用例（隣接ペア）

A: Please make a guess. (推測してください)

B: Hmm … Is it a horse?

A: *Close, but not quite.* (近いですが，ちょっと違います)

B: *Give us a hint, please.*

A: It has black-and-white stripes. (白と黒のストライプがあります)

C: I got it! (わかった！)

A: OK. You try, Sodai.

C: Uhh … It's a zebra, right? (シマウマだよね)【203】

関連表現

・Hint, please. (ヒントをください)【くだけた表現】

・Could you give me a hint, please?

(ヒントをください)【丁寧な表現】

・May I have a clue? (てがかり（ヒント）をくれませんか)

・Take your cue from Kotaro.

(弘太郎からヒントをもらいなさい／弘太郎にならいなさい)

230 | Do you agree with me?
私に賛成ですか

ポイント

Do you agree with me? は，賛否のあるような話題について意見交換している際に，対話の相手やグループ内の特定の友だちに，自分の意見や立場に賛成かどうかを尋ねるために使用するプレハブ表現です。

下の活用例にあるように，たとえ反対であっても，理由を添えたり，相手の意見，判断を尊重したりしてから自分の立場を表明すると相手の面子をつぶさずにすみます。

活用例（隣接ペア）

A: I think Kazuo doesn't feel good. He is sick, I guess.

B: Hmm …

A: *Do you agree with me*, Koko?

B: *Well, your idea is interesting, but I have a difference one.*

A: OK. Tell me yours.

B: You know, look at him. He doesn't look so good. But I think he is just unhappy about the score.

A: That makes sense to me. 【266】

関連表現

・Do you agree with my opinion?（私の意見に賛成ですか）

・Are you on my side?（あなたは私に賛成（の立場）ですか）

・Are you with me?（君はぼくに賛成ですか）【138 285】

・I agree with Arisa's opinion.【226】

231 | Is this spelling correct?

この綴りはあっていますか

■ ポイント

英語の場合，音声と綴りが一致しないものもあり，慣れ親しんだ言葉でも，それを綴るのは一苦労です。例えば，[f] の音でもph と綴ったり（lau*gh*），o で [i] という音（w*o*men）を表現したりします。

Is this spelling correct? は，自分の綴りがあっているかどうかを仲間に尋ねる際に使用します。お互いに助け合いながら文字を通した英語の学習を進めたいものです。

■ 活用例 (隣接ペア)

A:　It's done!【ALT に渡すメッセージカードができた】Well, could you check my spelling, Satoshi?　*Is this spelling correct*?

B:　*Let me see … No, it's not.*　Not {p-r-a-k-t-i-s-e}, but {p-r-a-c-t-i-c-e}.　Got it?

A:　{p-r-a-c-t-i-c-e}.　I see.　Thank you very much.

B:　No problem.

A:　I should correct it before giving it to Ms. Oldfield.

B:　You should.

■ 関連表現

・Is this OK? (これでいいですか)

・How about my spelling? (ぼくの綴りはどうですか)

・Is this spelling right? (この綴りは正しいですか)

・How do you spell [hɔrs]? (ホース（馬）はどう綴りますか)

232 How do you say this word?

この語はどう発音しますか

ポイント

　読む活動をしている際に，どうしても音声にできない単語や表現があります。How do you say this word? は，そのような場合に，「この語が読めません，どう発音するか声に出して教えてくれませんか」と，助けを求めるためのプレハブ表現です。

　初見の単語はもちろんのこと，音で慣れ親しんできた表現でも文字になると音声と綴り字の複雑な関係から，なかなか音が思い出せないことがあります。そのような場合には，臆せずに仲間や教師にこの表現を使って助けを求めましょう。

活用例（隣接ペア）

A: Excuse me, Maruko. 【対話を開く呼びかけ, 11】

B: Yes. Need any help?

A: Well, *how do you say this word?*

B: *Umm … [faund] {found}. Got it?*

A: [fond]?

B: No. [f-a-u-n-d].

A: Ah, [f-a-u-n-d]!

関連表現

・Say this, please.（これを言ってください）【196】

・Could you read this word for me?

　（この単語を読んでもらえますか）

・Read this out loud, please.（これを声に出して読んでください）

235

233 I don't think so.
私はそう思わないです

ポイント

I don't think so. は，対話の相手などとやり取りしている際や，相手の意見と異なる際に，自分は違う意見，感想をもっていることを伝えるために使用するプレハブ表現です（【207】を参照）。

'so' は，直前に発話した人の発話内容全体（文あるいは文章）を指す言葉です。例えば，It'll rain tomorrow. と相手が言って，I don't think so. と応じれば，「明日は雨にはならないだろう，晴れるだろう」という意味になります（【244】を参照）。

活用例（隣接ペア）

A: Now let's begin today's small talk.

B: All right. Let's play soccer in the park tomorrow. What do you think?

A: *Hmm … I think it'll rain tomorrow.*

B: *I don't think so.*

A: *Why is that?*（それはなぜですか）【234】

B: Look at the sky! It's beautiful.

A: I know, but it's getting colder.

関連表現

・I think so.（私はそう思います）

・I think so, too.（私もそう思います）【207】

・I don't believe so.（ぼくはそう信じたくありません）

・I don't expect so.（ぼくはそうならないと思います）

234 | Why is that?
それはなぜですか

ポイント

英語でのコミュニケーションでは，何かの話題に対して意見や感想を述べた場合，直後にその理由を添えることがよくあります。日本語での対話の場合は，相手が理由を察してくれますが，英語の場合は，きちんと言葉で説明することが求められるからです。

結論を述べてから詳細な事柄について述べる，結論を述べてからその理由を述べる，というのが英語での基本的なコミュニケーション様式です。このようなコミュニケーション様式に慣れておくことが大切です。

活用例 (隣接ペア)

A: We can't climb Mt. Fuji during winter.【富士山に関する英文を読んでいる】

B: *Why is that?*

A: *Because it says it's dangerous.*（なぜなら，危険だからと書いてあるから） It's too cold, I think.

B: Ah, I see. That's a good point.

関連表現

・Why?（どうして？）【くだけた表現】

・Why do you think so?（どうしてそう思うのですか）

・What makes you think so?　（どうしてそう思うのですか）

・What is the reason?（理由は何ですか）

235 Tell us more, please.

もっと話を聞かせてください

ポイント

英語での対話では，本題に入る前に当たり障りのないスモールトークをすることがよくあります。スモールトークをしている中で，続けてもっと話が聞きたいときに使用するのがこの Tell us (me) more, please. というプレハブ表現です。

続けて話をしてもらいたい具体的な内容を述べる場合には，Tell us (me) more about the news, please. と，'about X' を加えて表現します。

活用例（隣接ペア）

A: You know what?【58】

B: What?【58 活用例】

A: I saw a car accident this morning.（今朝，車の事故を見たの）

B: Really? *Tell us more, please.*

A: *Sure.* An old man was crossing a road.

Ps: Uh-huh.

A: A red car was coming close to him. But she didn't stop! …【続ける】

関連表現

・Tell me more.（もっと聞かせて）【くだけた表現】

・Could you tell us more about the story?（もう少しその話について聞かせてください）【丁寧な表現】

・Tell me the reason.（理由を聞かせてください）

236 I mean.

いや，そうじゃなくて

■ ポイント

I mean. は，対話をしている最中に，I went there on Wednes-day. Tuesday, I mean. などのように，自分の発話を明確にしたり，訂正したり，補足したりする際に，「いや，そうじゃなくて，間違えた，つまり」と，自己訂正・確認するために使用するプレハブ表現です。

相手の間違いに気がついたり確認したりする際には，You mean Tuesday? のように You mean を使用します。

■ 活用例（隣接ペア）

A: Let's talk about our weekend activities.

（週末の活動について話をしよう）

B: All right. I went to Fukuoka on Saturday, Sunday, *I mean.*

A: *OK, you went there on Sunday.* What did you do there?

（福岡では何をしましたか）

B: I watched a soccer game.

A: You mean, a baseball game?【294】

B: Yeah, yeah, a baseball game.

■ 関連表現

・Well, I mean.（えっと，だから）【確認，理解を求めて】

・You mean Tuesday?（火曜日ということ？）

・You know.（わかっていると思うけど）【72】

・As you know.（おわかりのように）【72 関連表現】

237 Can I ask you a question?

質問してもいいですか

ポイント

　何かを学習していると必ずと言っていいほどわからないこと，誰かに確認したいことが出てくるものです。もちろん外国語（英語）の学習も例外ではありません。

　Can I ask you a question? は，そのような状況で仲間や教師に対して使用するプレハブ表現です。英語でのコミュニケーションの場合，発話の真っ最中は避けたいですが，区切りのいいところで仲間や教師に質問することは興味の表れなので，むしろ歓迎されます。質問しないのは，すべて理解している，特に意見はない，あまり興味がない，などと判断されるからです。

活用例（隣接ペア）

A: *Can I ask you a question*, Mr. Sato?

B: *Sure. Go ahead.*

A: Hmm, what is the meaning of the last part?

　　（最後の部分の意味は何でしょうか）

関連表現

・May I ask you a question?

　（質問してもいいですか）【丁寧で，少し硬い表現】

・I have a question.（質問があります）

・Can I ask?（質問が）【くだけた表現】

・Excuse me.（すみません）【学習中にこう叫べば，ほぼ誰かがこちらの意図を汲んで対応してくれるはずです，11】

238 What is your answer to Question No. 3?

問 3 の答えは何ですか

ポイント

What is your answer to Question No. 3? は，ペアやグループ
で何らかの問題を解いている際に，相手に答えを教えてくれるよ
うに依頼するために使用するプレハブ表現です。

学習が進むと練習問題などをする機会が増えてきます。そのよ
うな場合に，このような英語表現を使って答えを「英語で」確認
したり，共有したりしたいものです。

活用例（隣接ペア）

A: Hmm.　I'm not sure … Tomoe, can you help me?

B: Of course.　*Do you have a problem?*（何か困っていますか）

A: Yeah, *what is your answer to Question No. 3?*

B: Question No. 3, let me see.　*Ah, it's 'the United States.'*

A: My answer is 'Korea.'

B: 'Korea,' Hmm, well … I think you are right.

A: Really?

B: Because it says, 'My home country is Korea.'

A: That's the point.（それだよ）【301 関連表現】

関連表現

・Do you know the answer?（答えはわかりますか）

・Your answer to Q2, please.（問 2 の君の答えは？）

・Can you share the answer with me?

（その答えをぼくと共有してくれませんか）

241

239 Can I put a slash here?

ここに斜線を入れるのは可能ですか

ポイント

　英語の学習を進めるときには，様々な記号や符号を使用します。「／（スラッシュ）」もその1つです。

　読む活動を行う際には，意味のまとまり（sense group）をきちんと認識できるかは読解（意味理解）の鍵になります。Can I put a slash here? は，仲間同士でそのような区切りを確認するときに使用するプレハブ表現です。

活用例（隣接ペア）

A: This is a long sentence.（これは長い文だね）

B: It is.

A: *Can I put a slash here?*

B: *Let me see … I don't think so.*　I put one here.（ぼくはここに入れたよ）

A: Ah, that makes sense.（ああ，なるほどね）　Thank you.

B: Sure.

A: You're very good at English!【32】

B: Thank you for the compliment.【89】

関連表現

・(Do we) Need a comma here?（ここにコンマは必要ですか）

・Put a period here.（ここにピリオドを打ちなさいよ）

・Question mark here?（ここに疑問符？）

・This is called exclamation mark.（これは感嘆符と言います）

This should be a capital letter.
これは大文字にすべきです

ポイント

英語を文字で表現する場合には，様々なルールがあります。大文字・小文字もその1つです。

This should be a capital letter. は，文頭（*What is this?*）や固有名詞（*Tomoe*）の頭文字などが大文字で書かれるのを誤って小文字にしている仲間がいる状況で，その誤りを指摘してあげるときに使用するプレハブ表現です。

なお，大文字は 'uppercase'，小文字は 'lowercase' と呼ばれることもあり，uppercase letters, lowercase letters のように使用されます。

活用例（隣接ペア）

A: Can I see your notebook? （ノートを見てもいいですか）

B: Sure.

A: Hmm … *This should be a capital letter.*

B: *Oh, you're right.* Thank you for your help.

A: Not at all.

B: Anything else? （ほかにありませんか）

関連表現

・Write this letter in capital. （この文字を大文字で書きなさい）

・Change this to a small letter. （これを小文字に変えなさい）

・Please write your name in capitals.

　（名前をすべて大文字で書いてください）

241 Let's put these cards in alphabetical order.

このカードをアルファベット順に並べましょう

ポイント

　Let's put these cards in alphabetical order. は，単語カードが
テーブルの上に並べられていて，それを仲間と協力して頭文字の
アルファベット順に並べ替える活動などをするときに使用するプ
レハブ表現です。

　物語の展開順に絵カードを並べる活動の場面では，関連表現に
あげた表現を活用できるようにしたいものです。

活用例（隣接ペア）

A: Here we go. 【カードをテーブル上にばらまく】

B: All right. *Let's put these cards in alphabetical order.*

C: *Yes, let's.*

D: Well, this comes first, right?

B: Wait a second. No, this comes first!

D: Oh, I see.

C: This comes last.

B: I'm afraid no.

関連表現

・Put them in order. (順番に並べなさい)

・Put it back to the shelf. (棚に戻してください)

・These are in wrong order. (これは順番が間違っています)

・Our names are listed in order.

　(ぼくたちの名前はちゃんと順番に並べられています)

242 | Could you read this aloud again, please?

もう一度これを読んでもらえますか

ポイント

新しい言葉は一度聞いただけでは，なかなか身につくものではありません。

Could you read this aloud again, please? は，対話の相手に再度同じ語や句，文などを声に出して読んでくれませんか，と依頼するために使用する，丁寧なプレハブ表現です。

Read this aloud again, please. あるいは Read this again, please. でも意図は伝わります。

活用例（隣接ペア）

A: Oh, no …

B: What's the matter with you?【09 関連表現】

A: Well, I forgot how to read this again.（えっ，これをどう読むかまた忘れたよ）*Could you read this aloud again, please?*

B: *No problem. [æktʃuəli] {actually}.*

A: [æktʃuəli], [æktʃuəli].

B: Beautiful!（すばらしい！）

関連表現

・Could you read it aloud?

（声に出して読んでもらえますか）【219 関連表現】

・How do you say this word?（この語はどう発音しますか）【232】

・Could you read this word for me?

（この単語を読んでもらえますか）【232 関連表現】

243 | What's the correct answer, then?

それじゃ，正しい答えは何ですか

ポイント

What's the correct answer, then? は，ペアやグループで活動中に，ある質問や問題についていろいろと答えが出るけれども，どうも正しくないようだという状況で，いったい正しい答えは何なのだろう，と仲間に訴えるときに使用するプレハブ表現です。

活用例（隣接ペア）

A: OK. Let's share the answer to No. 2.

B: Sakura, what is your answer?

A: Hmm … 'to take the guest to interesting places'?

C: *I don't think so.*

D: *What's the correct answer, then?*

C: Well, let me try. *I think it's 'to try hard to talk with the guest.'*

A: Ah, I agree. 【226】

B: So do I. Look at the textbook on page 60. It says 'They try hard to talk with me.'

D: I got it.

関連表現

・Is my answer correct?（ぼくの答えは合っていますか）【205】

・Do I have a wrong answer?

　（私の答えは間違っていますか）【205 関連表現】

・Do you know the correct answer?（正しい答えがわかりますか）

244 | I hope so.

そうだといいけれど

ポイント

I hope so. は，対話の相手などとやり取りしている際に，これから起きる可能性のある何らかの事柄に対して，自信や確信はないが，そうあってほしいという漠然とした肯定的な思いを相手に伝えるときに使用するプレハブ表現です。

I think so.（【207】）の 'so' と同じように，直前に発話した人の発話内容全体（文あるいは文章）を指す言葉です。例えば，It'll be fine tomorrow. と相手が言って，I hope so. と応じれば，「明日は晴れるだろう，そう期待しています」という意味になります。

活用例（隣接ペア）

A: You know what? 【58】

B: What?

A: *I'm sure it'll be fine tomorrow.*（明日はきっと晴れるよ）

B: *I hope so.*

A: Aren't you excited? We'll have a big event tomorrow.

B: I know.

関連表現

・I hope not.（そうでないといいのだけれど）

・I think so.（私はそう思います）【207 関連表現】

・I guess so.（そういうことだと思います）【207 関連表現】

・I don't believe so.（ぼくはそう信じたくありませんが）【233 関連表現】

245 | I couldn't catch the last part.

最後の部分が聞き取れませんでした

ポイント

　この表現は，対話の相手が発したことの最後の部分が聞き取れなかったときに使用するプレハブ表現です。

　繰り返してもらいたい場合には，Sorry?（【191】），Pardon me?（【206】），Repeat it again, please.（【206 関連表現】）などを使いますが，これらは相手の発話のどこが聞き取れなかったのかが不明なため，発話者は発話全体を繰り返す必要があります。その点，この表現は，問題部分を特定しているので話し手には好意的，協調的に受け取られます。

活用例（隣接ペア）

　A:　How long does it take to Paris by Eurostar?

　　　（ユーロスターでパリまでどのくらいかかりますか）

　B:　Excuse me?【75】 *I couldn't catch the last part.*

　A:　By Eurostar.

　B:　By Eurostar. OK, but what is Eurostar?

　A:　It's a bullet train in France.（フランスの弾丸列車です）

　B:　Ah, I see. Like our 'Shinkansen.' Right?

関連表現

・What?（何ですか？）【193】

・Pardon me?（もう一度お願いします）【206】

・What did you say?（え，何と言いましたか）【214】

・Where did you say?（え，どこと言いましたか）

246 | Could you give me an example?

例をあげてもらえますか

ポイント

Could you give me an example? は，対話の相手が何かを陳述した際に，具体的な例をあげてもっと詳しく説明してほしいと要求するために使用するプレハブ表現です。

英語の文章（談話）は，話題文（topic sentence）＋詳細情報・具体例（details & examples）＋まとめ・結論（summary & conclusion）で構成されるのが一般的です。対話にも構成があり，陳述の後には具体例や理由などを述べるのが一般的です。

活用例 (隣接ペア)

A: I went to the supermarket yesterday.

B: Oh, did you?【相づち】

A: Yeah, they sell many interesting things.

B: *Could you give me an example?*

A: *For example, they sell cute stationary.*（例えば，かわいい文房具を売っています）【'stationary' は 'furniture' 同様に不可算名詞】

関連表現

・Give us an example.（例をあげてください）

・For example?（例えば？）【215】

・Can you name a few examples?

　（例をいくつかあげてくれますか）【215 関連表現】

・Could you explain it in more detail?

　（もう少し詳しく説明してくれませんか）【297】

247 Which word did you say?

どの単語と言いましたか

ポイント

相手の発話の一部が聞き取れないことはよくあります。Which word did you say? は，そのような状況で，「どの単語と言いましたか，よく聞き取れなかったのでもう一度言ってください」と相手にその語を繰り返してもらうために使用するプレハブ表現です。下の関連表現にあるように，Where did you say? Who did you say? のように，'Which word' を X とすれば，'X did you say?' のように，X に様々な疑問代名詞を代入して使用できる表現パターンです。

活用例（隣接ペア）

A: Can I say something?【171】

B: Sure.

A: *I don't understand the word 'grow' in the story.*

B: *Which word did you say?*

A: It's 'grow' in the second sentence from the bottom.【254】

B: I see. It means 'seicho-suru' in Japanese.

関連表現

・Where did you say? (どこと言いましたか)【245 関連表現】

　【I went to Osaka last Sunday with my father. という相手の発話の 'Osaka' がよく聞き取れなかった状況で】

・Who did you say? (誰と言いましたか)

・When did you say? (いつと言いましたか)

248 | I don't understand what you mean.

あなたの言っていることがわかりません

ポイント

I don't understand what you mean. は，対話の相手が言っていること（意味・意図）がよく理解できないときに使用するプレハブ表現です。'I don't understand X.'（【227 228】）という形をとり，X には語だけでなく様々な節（主語＋述語等）を代入できるため，かなり幅広い状況で創造的に使用できる表現形式です。

活用例（隣接ペア）

A: Now let's move on to the next activity. 【113 関連表現】

B: *I don't understand what you mean.* Haru hasn't finished yet.

A: *Oh, I'm sorry, Haru.*

C: That's OK. I'm so slow, you know. 【52】

関連表現

· I don't understand this part.（この部分がわかりません）【227】

· I don't understand this sentence.（この文がわかりません）【228】

· I don't understand what you're saying.

（君の言っていることがわかりません）【258】

· Do you understand what I'm saying?

（私の言っていることがわかりますか）

· I understand that Toshiko has a different idea.

（敏子が違う考えをもっているということよね）

· I understand how he feels.（彼の気持ちがわかります）【90】

---

249 | **I don't think I'm following you.**
あなたの言っていることがわかりません

ポイント

　この表現で使われている 'follow' という動詞は、「相手の言っていることがわかる」という意味です。ただし、I'm not following you.（君の言っていることがわかりません）、Do you follow me?（ぼくが言っていることがわかりますか）というように、この意味では否定文や疑問文で使われることが多いです。

　'I don't think X.'（X は節（文））は、「X とは思わない」と表現し、かなり汎用性の高いプレハブ表現です。また、X の前に 'I don't think' を入れることで、直接的なきつい言い方を避け、X の内容を間接的に否定して相手の面子をつぶさない効果があります。

活用例（隣接ペア）

A: Now let's begin today's small talk.

B: We had a good time there yesterday.

A: *I don't think I'm following you.*

B: *Oh, excuse me.*　Toshio and I played tennis in the park yesterday.

A: Oh, OK.

関連表現

・I'm not following you.（君の言っていることがわかりません）

・I don't understand what you're saying.

　（あなたの言っていることがわかりません）【248 関連表現】

250 I don't know what to say.

何と言っていいのかわかりません

ポイント

　この表現は，対話の相手とやり取りしている際に，何と言ったらよいのかわからないときに使用するプレハブ表現です。

　下の関連表現にあるように，'I don't know X.' の X に「WH疑問詞＋to＋動詞」形式を様々に変化させればいろいろな場面で使用できる便利な表現です。

活用例（隣接ペア）

A: *Please tell us your opinion.* 【213】

B: Well, *I don't know what to say.* Hmm …

A: Do you agree with Kozue?

B: Hmm … Yes.

A: Good. But why?

関連表現

・I don't know which to choose.

　（どっちを選んだらいいかわかりません）

・I don't know when to start.

　（いつ始めたらいいかわかりません）

・I don't know what to do. （何をしたらいいかわかりません）

・I don't know who I work with.

　（作業を誰と一緒にしたらいいかわかりません）

・I don't know where to go.

　（どこに行ったらいいかわかりません）

251 | Do you mean Ken wants to go to Italy?

健はイタリアに行きたいと思っていると君は言っているのですか

ポイント

'Do you mean X?' という表現形式は，対話の相手が何かを言った後で，その意味，意図を確認するときに使用するプレハブ表現です。関連表現にもあるように，X の所には様々な節（文）が代入されます。

英語でのコミュニケーションを円滑に進めるためには，相手の発話の額面通りの意味はもちろん，発話の意図を確認するのはとても大切なことです。

活用例（隣接ペア）

A: I know the country. He loves pizza.

B: *Do you mean Ken wants to go to Italy?*

A: *Yes! Let's ask him about it.*

B: All right.

A: Ken, you want to go to Italy, right?

C: Yes, I do. But how do you know that? 【268】

A: Bingo! Because you love pizza.

C: You're right.

関連表現

・Are you saying Goro likes to ski?

　（五郎はスキーが好きだと君は言っているのですか）

・Do you think Hiroshi wants to go to Kochi this summer?

　（博はこの夏に高知に行きたい気持ちがあると君は思うのですか）

252 | It's a kind of fruit.
それは果物の一種です

ポイント

It's a kind of fruit. は，ある物（例えば「ミカン」）がどのようなカテゴリー（部類，範疇のことで，ここでは「果物」）に分類されるものなのかについて相手に説明するために使用するプレハブ表現です。

物などを相手にわかりやすく記述したり説明したりしようとする場合には，それがどのようなカテゴリーに属するものなのかを伝えることは大変役に立ちます。'fruit' のところに，'color' 'animal' 'sport' などを入れるといろいろな場面で使用できます。

活用例（隣接ペア）

A: Shall we start a guessing game?

Ps: All right.

A: *It's a kind of fruit.*

B: *Let me see … Is it a mango?*

A: Well, almost, but not quite. 【94 関連表現】

B: Give us another hint, please. 【229】

A: OK. The color is orange.

関連表現

・Kind of sport. （スポーツの一種です）【くだけた表現】

・What kind of food is it? （それはどんな食べ物ですか）

・It's a kind of musical instrument. （それは楽器の一種です）

・It's a sort of tool. （それは道具の一種です）

253 How many chunks are there in this sentence?

この文には意味の塊（チャンク）はいくつありますか

ポイント

‘How many X are there Y?’ は，ある場所（Y）に何か（X）が
いくつあるかについて仲間とお互いに確認したりするときに使用
するプレハブ表現です。X には物（‘cats’, ‘dogs’ のような複数
形）が，Y には場所（‘in the park’ ‘on the table’ ‘in the sky’
‘under the desk’ など）が使われます。

文の意味を把握したり音読したりする際には，意味の塊を意識
することが非常に重要です。How many chunks are there in this
sentence? は，そのような学習の際に意味の塊の数を確認するた
めに使用できます。

活用例（隣接ペア）

A: Let's read the story.

B: Excuse me. *How many chunks are there in this sentence?*

A: In which sentence?（どの文のこと？）

B: Here.【指差して】

A: *OK … I think there are three in here.*

関連表現

・How many?（いくつ？）【くだけた表現】

・How many letters are there in this word?

　（この単語には文字がいくつありますか）

・How many cats can you see in the picture?

　（絵には猫が何匹見えますか）

254 | Look at page 55, line 6, please.

55 ページの 6 行目を見てください

ポイント

Look at page 55, line 6, please. は，冊子の資料などを使用して学習しているとき，わからない箇所などのページや行について「55 ページの 6 行目を見てください」と，相手に指示するために使用するプレハブ表現です。

活用例 (隣接ペア)

A: Umm … I don't understand this …

B: *Which part?*

A: *Look at page 55, line 6, please.*

B: *OK.*

A: It says "They're more useful than other ways." I don't understand this part, 'other ways.' 【248 関連表現】

B: We have other ways to communicate each other, letters, telephones, for example. 【215】

A: Ah, I got it. Thank you so much!

関連表現

・Page 21, line 7, please.

（21 ページの 7 行目です）【くだけた表現】

・Please look at the 6th line from the bottom.

（下から 6 行目を見てください）

・Please look at the 6th line of page 25.

（25 ページの 6 行目を見てください）

255 I afraid her opinion is wrong.

残念ながら彼女の考えは間違っていると思います

ポイント

　I'm afraid her opinion is wrong. は，誰かの意見や判断が間違っていると思うときに使用するプレハブ表現です。

　'I'm afraid X.' の X のところには節（文）が入ります。また，この例文で言えば，Her opinion is wrong. と言い切ってしまうと，相手にはきつく聞こえてしまいます。そこで，'I'm afraid'（残念ながら，申し訳ないですが）という，言い方をやわらげる効果の表現を文頭に付けるのです。

活用例（隣接ペア）

A: *Now what do you think of Chika's opinion, Maki?*

B: Well, *I'm afraid her opinion is wrong.*

A: *Hmm … Could you explain it in more detail?* 【297】

B: All right.　Emma loves sushi.　But she can't read Japanese.　She needs an English menu.

A: That's a good point. 【267】　I like your opinion, Maki.

B: Thank you, Hayato.

関連表現

・I'm sure her opinion is wrong.

　（彼女の考えが間違っているのは確かだと思います）

・I'm afraid so. （申し訳ありませんがそのようです）

・I'm afraid not. （残念ながらそうではありません）【65】

256 | Could you tell us your opinion, please?
君の意見を聞かせてください

■ ポイント

Could you tell us your opinion, please? は，教科書本文の内容などについてグループで意見交換している状況で，意見を聞かせてもらいたいと仲間に依頼するときに使用する，少し丁寧なプレハブ表現です。仲間同士であれば，通常は関連表現にあるような Tell us（me）your opinion, please. で十分に依頼の意図は伝わります。

■ 活用例（隣接ペア）

A: What does Ken want to say, do you know?

【Ken と Emma の対話文の解釈をめぐって議論】

B: Hmm … Let me see. *Could you tell us your opinion, please?*

A: *Well, I think he wants to say Emma had a good time there.*

B: Okay. I like your opinion. But how do you know? 【268】

A: Because Ken says to Emma, "You enjoyed staying with your aunt."

C: I'm afraid I have a different opinion. 【255】

■ 関連表現

・Your opinion, please.（君の意見は？）【くだけた表現，213 関連表現】

・Tell us your opinion, please.（君の意見を聞かせてください）

・Give us your opinion, please.

（あなたの意見を聞かせてください）【213 関連表現】

257 | What do you mean by that?

それはどういう意味ですか

■ ポイント

　What do you mean by that? は，相手の発話の文字通りの意味は理解できるが，その真意，つまり意図が掴みきれないとき使用するプレハブ表現です。

　母語であろうが第2言語であろうが，言葉によるコミュニケーションでは，必ずしも文字通りの意味で伝達し合うとは限りません。相手の発話の裏にある意図を読み取りながらやり取りすることはそれほど珍しくはありません。

■ 活用例（隣接ペア）

A: So Koji is taller than you.

【バスケットボール・チームのメンバーを探している】

B: Excuse me. 【11】 *What do you mean by that?*

A: *Well, we need another basketball player.*

B: Ah, I see.　But Koji doesn't play basketball.

A: Oh, doesn't he?　How about you, Minoru?

B: Umm … I do.

A: All right.　Here is another teammate!

■ 関連表現

・What do you want to say by that? (何が言いたいのですか)

・What does it mean? (それはどういう意味ですか)

・What's the meaning of the sentence?

　(その文はどういう意味ですか)

258 | Do you understand what I'm saying?

私の言っていることがわかりますか

■ ポイント

　言葉によるコミュニケーション活動では，自分の言っていることを対話の相手がちゃんと理解しているかどうかを確認しながら進めることが大切です。

　Do you understand what I'm saying? は，Are you following me?（【285】を参照）などと同じように，相手の理解状況を確認するために使用するプレハブ表現です。'what I'm saying' の 'I'm saying' を X とすれば，'what Mao is saying'（真央が言っていること），'what she said'（彼女が言ったこと）など，様々な表現に置き換えることができます。

■ 活用例（隣接ペア）

A: Now it's time for today's small talk.

B: You go first, Mao.

A: All right. I went to a hospital for career experience. It was hard, but fun. *Do you understand what I'm saying*, Goro?

C: *Sure. I'm following you.*

A: That's good to hear.

C: Tell us more about it. 【235 を参照】

■ 関連表現

・Are you following me?（私の言っていることがわかりますか）

・Do you get what I'm saying?

　（私の言っていることがわかりますか）

259　Can you tell me what to do next?

次に何をしたらいか教えてくれますか

ポイント

Can you tell me what to do next? は，次に何をしたらいいか
わからない状況で，対話の相手などに助言を求めるために使用す
るプレハブ表現です。

この表現は，'Can you tell me X?' の X に，'where to go'
（どこに行くべきか），'when to start'（いつ始めるべきか）などの「疑
問詞＋to＋動詞」（【250】）が入る形式です。

活用例（隣接ペア）

A: I like your pencil case. 【23】

B: Do you?

A: It's pretty.

B: Thank you for saying so. 【89 関連表現】

A: Well, *can you tell me what to do next?*

B: *Sure. Write these down in your notebook.*

A: Thanks.

B: My pleasure.

関連表現

・I don't know what to do.

（何をしたらいいかわかりません）【250 関連表現】

・Could you explain it in more detail?

（もう少し詳しく説明してくれませんか）【297】

・What should I do next? （私は次に何をすべきなのでしょうか）

260 | Could you read your summary?
君の要約を読んでくれませんか

■ ポイント

比較的長い物語文などを自分の言葉（英語）で要約する（まとめる，サマライズする）学習があります。読む活動（深い読み）から書く活動（創造的な表現活動）へ，複数の技能を統合した，かなり高度な英語力が要求される学習です。

Could you read your summary? は，このような活動の成果をお互いに共有し合う状況で，相手に要約を紹介してくれるよう依頼するために使用するプレハブ表現です。

■ 活用例（隣接ペア）

A: Now let's make a summary of the story.

B: All right. And let's share it each other, shall we?【168】

A: Yes, let's.【要約を書く】

B: Are you through?【104】

A: Uh-huh. *Could you read your summary?*

B: *Sure.* This is a story about a bird in Singapore. ...【要約を読む】

A: Wow. Well done, Chie.

■ 関連表現

・Can you read yours?（あなたのを読んでもらえますか）

・Can I see your summary?

（要約（まとめ）を見せてもらってもいいですか）

・This is my summing-up.（これがぼくの要約です）

261 | Does anyone have a different opinion?
違う意見のある人はいますか

ポイント

　ある事柄について，グループで賛成や反対の立場から意見交換する場面があります。Does anyone have a different opinion? は，そのような場面で異なる意見はないかを他のメンバーに問うときに使用するプレハブ表現です。

活用例（隣接ペア）

A: I think people in Cambodia aren't happy.

B: All right. *Does anyone have a different opinion?*

C: *May I?*

B: Daisuke, go ahead.

C: I don't think they are unhappy.【233】 Landmines are dangerous, but children there still can play outside.（地雷は危険だけど，子どもたちは外で遊べます）

A: That's true.（確かにね）

C: They just can't play in forests and fields.
（森や野原で遊べないだけです）

関連表現

・Any different opinion?（違う意見は？）【くだけた表現】

・Do you all agree?（皆賛成ですか）

・Who has a different opinion?（違う意見を持っている人は？）

・Anyone who has a different opinion?
（意見の違う人はいますか）

262 | Why do you think he broke the pot?

彼はなぜつぼを壊したと思いますか

■ ポイント

'Why do you think X?' は,「どうして X と思うのですか」と,
英文の意味の解釈をめぐって考えの理由を尋ねるために使用する
プレハブ表現です。X のところには,様々な節(文)を代入して
使用することができます。

関連表現にも列挙してあるように,'do you think' の部分は疑
問形の挿入句なので文全体は疑問文ですが,主要部は疑問文
('did he break') ではなく肯定文の語順('he broke')です。

■ 活用例(隣接ペア)

A: Now let's share our opinions about the story.

B: *Why do you think he broke the pot?*

A: *Hmm … I think because he wanted to have honey.*

C: I know, but the master said, "It's full of poison."

D: I guess he knew that honey was in the pot.

B: You're right. Look at page 41, line 8. 【254】 It says "It is
honey."

■ 関連表現

・Who do you think he is?（彼は誰だと思っていますか）

・Where do you think he wants to go?

（彼はどこに行きたいと思っていますか）

・How do you think she passed the test?

（彼女はどうやってそのテストに合格したと思いますか）

263 What else can you think of?

ほかに何か考えられますか

ポイント

What else can you think of? は，グループやペアで活動中，ある事柄についてお互いの意見やアイディア，理由などを出し合っている状況で，仲間に対して他に何かないかを問うなど，他の人の意見等を引き出そうとするときに使用するプレハブ表現です。

下の関連表現にあるように，What else? や Anything else? だけでも目的は達成できる場合もあります。

活用例（隣接ペア）

A: My opinion is … umm … Mr. Johnson loves Japan because the scenery is so beautiful.

B: OK. *What else can you think of?*

C: *Let me try.*【102】 *Because we have healthy foods in Japan, I think.*

A: Interesting idea, but I don't think so.

C: Why?【234】

B: Because he doesn't say anything about foods.

関連表現

・Anything else?（ほかに何か？）【くだけた表現】

・What else?（ほかに何か？）

・Can you think of anything else?（ほかに何か考えられますか）

・Is there anything else?（ほかに何かありますか）

・Who else?（ほかに誰か？）

264 Could you look over my English?

ぼくの英語に目を通してもらえませんか

■ ポイント

　自分が書いた英語に自信がないときがあります。そんなときに,
Could you look over my English?というプレハブ表現を使って,
相手に,「私の英語をざっと見て,もしどこかに問題があったり,
わかりにくい箇所があったりしたら指摘してください,訂正して
ください」と,依頼するとよいでしょう。

■ 活用例 (隣接ペア)

A: Now I'm finished!【97】 *Could you look over my English?*

B: *Sure. Let me see. ...*【点検する】 Wow. Your English is
  great.【55】

A: Are you sure?

B: Yeah. Oh, you need a period here.（あ,ここに終止符がい
  るよ）

A: Thank you for your help.

■ 関連表現

・Check it, please.（確認してください）【くだけた表現】

・Look over my English, please.

　（ぼくの英語に目を通してください）

・Will you check my English?

　（ぼくの英語をチェックしてくれませんか）

・Can you correct my English?

　（ぼくの英語を訂正してくれませんか）

265 | It makes no sense to me.
私には理解できません

ポイント

It makes no sense to me. は，英語で物語文を読んでいるとき
や，まとまりのある英語を聞いているとき，対話の相手が英語で
何かを説明してくれているとき，何を言っているのかさっぱり理
解できない状況で相手にその状況を伝えたり，援助を求めたりす
るために使用するプレハブ表現です。

It makes no sense to me. とストレートに言うときつく聞こえ
る場合があるので，状況に応じて関連表現に例示したように 'I'm
afraid'（【255】）を文頭に付けて表現するとよいでしょう。

活用例（隣接ペア）

A: Now let's share the gist of the story.

（では，物語の要点をシェアしましょう）

B: Wait a second. *It makes no sense to me.*

A: *Well, which part don't you understand?*

（さて，どの部分がわからないの）

B: Almost all … （ほとんどすべて）

関連表現

・It doesn't make sense to me. （私には理解できません）

・It makes no sense to me at all.

（私にはまったく理解できません）

・I'm afraid it makes no sense to me.

（残念ながら私には理解できません）

266 That makes sense to me.

なるほど，それで合点がいきます

ポイント

That makes sense to me. は，対話の相手などとやり取りして
いる際に，どうも理解し難い事柄があってしっくりこないとき，
相手の一言で，「なるほど，そう言うことか，それでつじつまが
合います，合点がいきます」と，納得したときに使用するプレハ
ブ表現です。

活用例（隣接ペア）

A: Hmm … I don't understand …

B: Need any help?【136】

A: Yeah. Why did he break the pot? I don't understand it.

B: OK. He knew honey was there. He wanted to have some.

A: Ah, *that makes sense to me*.

B: *Good*.

A: Kota, you are one of my best partners.

B: Thank you for saying so.

関連表現

・It makes sense. (なるほど，合点がいきます)

・That makes perfect sense.

(なるほど，まったく合点がいきます)

・Now I understood. (それでわかりました)【211 活用例】

・I got it. (わかった！)【229 活用例】

・Does it make sense to you? (合点がいきますか)

267 | That's a good point.

それはいい点をついています

ポイント

That's a good point. は，相手の意見を受け入れて，まずは評価するために使用するプレハブ表現です。

英語でのコミュニケーションの場合，たとえ相手とは反対の意見を自分が持っていても，まずは相手の意見を受け入れ尊重した上で，自分の意見を具体的に述べることが大切です。冒頭から否定してかかるのは避けたほうがよいでしょう。

活用例（隣接ペア）

A: Are you finished reading the story?

B: Uh-huh.

A: Why do you think Aya's grandfather said, "it's a very important place"?【262】

B: *Because it's a war memorial park, I think.*
（戦争記念公園だからだと思います）

A: Ah, *that's a good point.* But I think because his brother was one of the war victims and his name is on the stone.

B: I agree with you.

関連表現

・Good point. （いい点だね）【くだけた表現】

・That's a good opinion. （それはいい意見ですね）

・That's a great idea. （それはすばらしい考えですね）

・What a good point! （何といい点をついていることか！）

268 | How do you know?

どうしてわかるのですか

ポイント

How do you know? は，相手が何か意見を陳述した際に，どうしてそれがわかるのか，と相手にその根拠や証拠を示してほしいときに使用するプレハブ表現です。

また，How do you know? は，「どうして君がそれを知っているのか，いやに詳しいね」などと，少し疑いをこめたニュアンスで相手を問いつめる際にも使用します。

活用例（隣接ペア）

A: OK. Let's talk about water problems.

B: All right. In Singapore, it doesn't rain.

A: Excuse me? 【75】

B: It doesn't rain in Singapore.

A: I'm afraid you are wrong. 【255】 It does rain there, though very little. （確かに雨は降ります，非常に少ないですが）

B: Well, *how do you know*?

A: *Hmm … Mei says, "Yes, it does." This means it rains in Singapore.*

関連表現

・What makes you think so? （なぜそう思うのですか）【234 277】

・Why do you know that? （君はなぜそれを知っているのですか）

・What evidence do you have? （どんな根拠がありますか）

・Any evidence in the story? （物語の中に何か根拠がありますか）

269 | I see what you mean.
あなたの言う意味はわかります

ポイント

I see what you mean. は，相手とやり取りしている状況で，
一応相手の言う意味は理解できていると伝えるために使用するプ
レハブ表現です。

'I see X.' は，'I (don't) understand X.'（【248】）などと同様に，
X に様々な節を代入すれば，幅広い場面や状況で使用できる表
現です。

活用例（隣接ペア）

A: People in Africa have many problems.

B: Yeah. *Girls can't go to school. This is a big problem.*

A: *I see what you mean.*

B: Do you know why?（その理由がわかりますか）

A: Yes. Look at the picture on page 98. They are working
   hard. They don't have time to go to school.

関連表現

・I understand what you mean.

　（君の言う意味はわかります）【248 関連表現】

・I see your point.

　（君の言おうとしていることはわかります）【279】

・I understand how he feels.

　（彼の気持ちがわかります）【248 関連表現】

・I see what you're saying.（君の言っていることはわかります）

270 | Let's find out the answers to these questions.

これらの問題の答えを見つけましょう

ポイント

Let's find out the answers to these questions. は，本文の内容についての読解問題などを解く活動のときに，解答を始めようと仲間に行動を促すために使用するプレハブ表現です。

関連表現にあげたように，Let's try to answer these questions. とも表現できます。

活用例（隣接ペア）

A: Now *let's find out the answers to these questions.*

B: *All right.*【解き始める】

A: What's your answer to Q1, Tomoe?

B: Wait a second, please.【96 関連表現】

A: Uh-huh.

B: OK. Now I'm through. I think the answer is B, right?

A: I have the same. Good!

B: How about Q2?

関連表現

・Let's try to answer these questions.（これらの問題に答えましょう）

・What is the answer to Question No. 3?

（問 3 の答えは何ですか）【238】

・What's the correct answer, then?

（それじゃ，何が正しい答えですか）【243】

---

271 | ## Let's share the answers to the questions on page 18.

18 ページの問題の答えを共有して確認しましょう

ポイント

　この表現は，教科書の特定ページにある練習問題の解答をペア
やグループで共有し合って，正しいかどうかを確認しよう，と行
動を促すために使用するプレハブ表現です。

活用例（隣接ペア）

A:　Did you do your homework?（宿題をやってきましたか）

B:　Of course. *Let's share the answers to the questions on page 18.*

A:　*Yes, let's.*

B:　You go first. What's the answer to Q1?【付加疑問文の問題】

A:　It's 'don't you?' Correct?

関連表現

・Shall we share the answers to the questions on page 45?

（45 ページの問題の答えを共有して確認しましょうか）【168】

・Let's lay the cards face up.

（カードを表向きに並べましょう）【179】

・Let's talk face to face.（向かい合って話しましょう）【180】

・Let me see.（えっと，そうですね）【204】

・Let's read this aloud.（声に出してこれを読みましょう）【219】

・Look at page 55, line 6, please.

（55 ページの 6 行目を見てください）【254】

272 | Is the correct answer to No. 4 'F'?

問 4 の答えは F でいいですか

ポイント

Is the correct answer to No. 4 'F'? は，仲間と教科書やプリントにある練習問題や演習をやっている状況で，自分の解答が正しいかどうか仲間に確認するときに使用するプレハブ表現です。

'F' というのは，'True or False'「真偽テスト」の 'False' の略です。両方の頭文字を取って 'TF test' とも呼ばれます。

活用例（隣接ペア）

A: It's time for comprehension check.

（読解を確認する時間です）

B: What's the answer to Question No. 1?

A: I think it's 'F' because his father liked manga.【続ける】

B: *Is the correct answer to No. 4 'F'?*

A: *I think so.*【207 関連表現】

B: I agree with your answer.【226】 Let's move on to the next question. （次の質問にいこう）【113 関連表現】

A: All right.

関連表現

・Is this spelling correct? （この綴りは合っていますか）【231】

・Is my answer correct? （ぼくの答えは合っていますか）【205】

・This is the correct card, right?

（これが正しいカードだよね）【203】

・Can I answer that? （ぼくがそれに答えていいですか）

273 Q4 was difficult, wasn't it?

問 4 は難しかったよね

ポイント

Q4 was difficult, wasn't it? は，演習あるいは練習問題を解いている状況で，難しく感じた問題があって，仲間に同じ印象を持ったかどうかを確認したり，念を押したりするときに使用するプレハブ表現です。

この文は，付加疑問文です。'wasn't it' のように，否定形になるのは，主文が肯定だからです。関連表現にあるように，主文が否定形になっている場合には，付加疑問文は肯定形になります。'Let's' で始まる文は 'shall we'，命令文は 'will you' が付加されます（【169】を参照）。

活用例（隣接ペア）

A: *Q4 was difficult, wasn't it?*

B: *No, I don't think so.* 【233】

A: Oh, really?

B: Q2 was more difficult than Q4, I think.

（問 2 のほうが問 4 よりも難しかったと思うよ）

関連表現

・Q2 wasn't difficult, was it?（問 2 は難しくなかったよね）

・Let's play tennis, shall we?

（テニスをしませんか）【168 ポイント】

・Give me your answer, will you?

（君の答えを教えてくれませんか）

274 | Do you have any questions?

何か質問はありますか

ポイント

Do you have any questions? は，スピーチやプレゼンテーションの際に，発表が一通り終わった後で何か質問はないかどうかを聴衆に問うときに使用するプレハブ表現です。

ある特定の事柄について何か質問がないかどうかを尋ねるときは，Do you have any questions about my opinion? のように，'about X' を後続させます。

活用例（隣接ペア）

A: That's all. 【131，発表が一通り終わる】 *Do you have any questions?*

B: *Can I?*

A: Sure.

B: Thank you for the nice speech. I enjoyed it very much. （すごく楽しかったです） My question is … Does your father like comics, too?

A: Well, no. He doesn't like them.

関連表現

・Do you have any questions about my opinion?

（私の意見に何か質問はありますか）

・Do you have any idea about 'zebras'?

（シマウマについて何か知っていますか）

・Do you have a problem?（何か困っていますか）【238】

---

275 **Shall we share what we filled in the blanks?**

空欄に何を入れたか確認 (共有) し合いましょう

ポイント

　教科書本文の内容理解を確認したり，既習表現を使って言い換えたりするために，キーワードなどを空欄にして文章を完成させるタスクに取り組むことがあります。

　Shall we share what we filled in the blanks? は，そのような状況で，仲間同士の解答をシェアするときに使用するプレハブ表現です。

活用例 (隣接ペア)

A: Are you finished?

B: Yes. *Shall we share what we filled in the blanks?*

A: *All right, let's do that.*

B: What word did you fill in No. 1?

A: I chose 'favorite.'

関連表現

・Let's share the ideas about the blanks.

　(空欄にどんな語を入れたか共有し合いましょう)

・Give us what you chose for the blanks, please.

　(空欄に選んだ語を教えてください)

・Let's complete the task by filling in the blanks.

　(空欄を穴埋めして課題を完成させましょう)

・Why don't we complete the summary of the passage?

　(本文の要約を完成させませんか)

276 I'm not sure about the correct answer to Q3.

問 3 の解答はあまり自信がありません

ポイント

'I'm not sure about X.' という英語表現は，「X のことについては自分はあまり自信がない，確実なことは言えない，あまりよくわかりません」，などということを相手に伝えるために使用するプレハブ表現です。

X のところには，'his opinion'（彼の意見），'the main topic'（主題），'our plan for the vacation'（私たちの休日の計画）など，様々な名詞句を入れて表現します。

活用例（隣接ペア）

A: Okay, can we have your answers, Momo?

（では，ももの答えを教えてくれませんか）

B: Well, *I'm not sure about the answer to Q3.*

C: *Hmm … me neither.*（ん，私もだよ）【121】

A: I understand how you feel, but give us your answer, anyway, please.（気持ちはわかるけど，とにかく君の答えを教えてくれませんか）

関連表現

・I'm not sure about that.（それについてはあまりよくわかりません／確実なことはわかりません）

・Are you sure?（本当ですか）

・Be sure to do your homework.
（必ず忘れずに宿題をしてください）

279

277 What makes you think so?
どうしてそう思うのですか

ポイント

　英語でのやり取りでは，何かに対して意見を述べたときは，その理由を添えることがよくあります。もし，相手が理由を述べなかった場合には，下の関連表現にあげた表現やこの What makes you think so? などのプレハブ表現を使って理由を尋ねます。

　このプレハブ表現は，「何があなたをそう考えさせるのですか」が転じて「どうしてそう思うのですか」となったものです。

活用例（隣接ペア）

A: What is your opinion, Tomoe?

B: Let me see … I'm not sure, but I think Ayaka wasn't so hungry.【276】

A: That's interesting. But *what makes you think so*?

B: *Well, because she said, "Can I take it home?"*

C: That makes sense! (なるほどね！)【266】

B: I'm so happy to know that you like my opinion, Mayu.

関連表現

・Why do you think so? (どうしてそう思うのですか)

・What is the reason for that? (その理由は何ですか)

・Why is that? (それはなぜですか)【234】

・How do you know? (どうしてわかるのですか)【268】

・Tell us the reason, please. (その理由を教えてくれますか)

・Could you give us the reason? (その理由を教えてくれますか)

278 | I'll show you the evidence for that.
その根拠を示しましょう

ポイント

I'll show you the evidence for that. は，仲間と読み物教材の指示語や（推論を働かせて導き出す）意味について意見交換している際に，自分の意見の根拠となる表現を仲間に示すときに使用するプレハブ表現です。

'evidence' は，根拠あるいは証拠という意味です。特に読解活動においては，根拠なしに何となくそう思うからと発言する仲間もいますが，解釈の根拠がどこにあるのかを示すのはとても重要なことです。

活用例（隣接ペア）

A: *I understand what you mean, but how do you know?* 【268】

B: OK, *I'll show you the evidence for that.* Please look at the sentence in the 3rd line. 【254】

A: The sentence in the 3rd line … *Okay.*

B: It says "They work under 'unfair' conditions."

関連表現

・How do you know?（どうしてわかるのですか）【268】

・What makes you think so?（どうしてそう思うのですか）【277】

・Can you tell us where the evidence is?

　（どこに根拠があるのか教えてくれますか）

・What is the evidence?（その根拠は何ですか）

・Is there any evidence?（何か根拠はありますか）

279 | I see your point.
君の言おうとしていることはわかります

■ ポイント

　この表現は，対話の相手とやり取りしている際に，相手の考えや意見の要点，言い訳，言おうとしていることは一応理解できていることを相手に伝えるときに使用するプレハブ表現です。

　なお，「一応理解できている」というところがポイントで，'but I think ...' のように，自分は少し違う意見や考えがあることを暗に匂わす表現がしばしば後続するからです。

■ 活用例（隣接ペア）

A: *I think Rina doesn't know how to make a bed.*

B: Well, *I see your point*, but I think she was just surprised to hear that.

A: Hu-huh. Can be.（有り得るね）

C: Yeah. Look at the picture on page 48.

A: That's right. She's making a bed with a hammer!

D: That means ... she knows how to make a bed, but she doesn't understand why she has to make another bed. Right?

■ 関連表現

・I see what you mean.（君の言う意味はわかります）【269】

・I see what you're saying.（君の言っていることはわかります）

・That's a good point.（それはいい点をついていますね）【267】

・I don't see your point.（君が何を言いたいのかつかめません）

280 | Can you put it into Japanese?

それを日本語に訳してくれますか

ポイント

英語を聞いたり読んだりしていると，どうしても理解できないことがあります。そのような状況では，理解できない句や文などを日本語に置き換えると理解できる場合があります。Can you put it into Japanese? は，そのような場合に，仲間に日本語訳してもらうために使用するプレハブ表現です。

活用例（隣接ペア）

A: Hmm …

B: What's wrong with you? 【09】

A: Well, I don't understand this sentence. *Can you put it into Japanese?*

B: *Sure, let me try.* 【日本語訳を試みる】

A: Thank you for your help. Now I understand its meaning.

B: Sure, no problem.

関連表現

・What's this in English? (これは英語で何と言いますか) 【197】

・How do you say this in English?

(これを英語でどう言いますか) 【198 関連表現】

・How do you say 'ichirinsha' in English?

(一輪車を英語でどう言いますか) 【217】

・Can you translate it into Japanese?

(日本語に訳してくれますか)

281 | You may be right, but …

そうかもしれないけど，でも …

ポイント

　対話の相手が主張していることは理解できるが，自分は少し違う考えを持っていることがあります。You may be right, but … は，関連表現にあげた表現と同様に，そのような状況で相手の意見や考えを尊重して面子をつぶさないようにしながらも自分の意見や考えをしっかり述べるために使用するプレハブ表現です。

活用例（隣接ペア）

A: *Harue is just saying that she has a good job experience.*

B: Well, *you may be right, but* she wants to have another job experience in the future, I think.

A: *Ah, that's a good point.*【267】

B: Do you agree with me?【226 230】

A: I do.

B: That's good to hear.【85】

関連表現

・I see your point, but …

（君の言おうとしていることはわかりますが，でも…）【279】

・I know, but … （わかっているけど，でも…）【71】

・I understand how you feel, but …

（気持ちはわかりますが，でも…）【90】

・I understand what you mean, but …

（君の言っていることはわかりますが，でも…）【248】

Why don't you write a report about the history of Miyazaki?

宮崎の歴史についてレポートを書いたらどうですか

ポイント

　この表現は，仲間に何らかの行動を促す場合に使用するプレハブ表現です。'Why don't you X?' の X のところには，'make a summary'（要約を書く），'show us your opinion'（私たちに意見を示す）など様々な動詞句が入ります。

　なお，'Why don't we X?' というように，'you' を 'we' にすると 'Let's X.' とほぼ同じ意味になります。

活用例（隣接ペア）

A: I don't know what to choose for the topic?

B: *Why don't you write a report about the history of Miyazaki?* You are crazy about burial mountains!（君は古墳に夢中でしょう） Right?

A: *Oh, that's a good idea. Thank you for your advice.*

B: Uh-huh.

関連表現

・Why don't you join us?【148】

・How about reading the book?（その本を読みましょうか）【35】

・Let's change roles.（役割を替えましょう）【154】

・Let's read this aloud.（声に出してこれを読みましょう）【219】

・Let's put these cards in alphabetical order.（このカードをアルファベット順に並べましょう）【241】

283 | This 'it' refers to 'the house,' I think.

この 'it' は 'the house' を指しているとぼくは思います

ポイント

　話の筋道にそって英語を正しく聞いたり読んだりするために
は，代名詞などの指示語が指している物や人物や事柄を正確に解
釈できなければなりません。This 'it' refers to 'the house', I
think. は，代名詞（'it'）が指していると思われる物についての自分
の考え（'the house'）を述べるために使用するプレハブ表現です。

　指している物や人物や事柄について相手に問うときは関連表現
にあるような疑問文を使用します。

活用例（隣接ペア）

A: *Hmm … I don't understand what 'it' refers to. Do you?*

B: *This 'it' refers to 'the house,' I think.*

C: Well, I'm afraid your opinion is wrong. 【255】　I think it
refers to 'the garden.'

B: How do you know? 【268】

関連表現

・What does 'it' in the line 6th refer to?

（6 行目の 'it' は，何を指していますか）

・UN stands for 'United Nations.'

（UN は国際連合を表しています）

・What does 'this project' stand for?

（'this project' というのは，何を表していますか）

・Who is 'she' in the 3rd line? （3 行目の 'she' は誰ですか）

284 | I'm sure Tahina wants to become a teacher.

たひなが教師になりたいと思っているのは確かだと思います

ポイント

I'm sure Tahina wants to become a teacher. は，議論の余地のある事柄に対する自分の意見に自信があるときに使用するプレハブ表現です。'I'm sure X.' の X のところには，様々な「文」が入りますが，一方，【276】で取り上げた 'I'm not sure about X.' の表現においては，X のところには「名詞句」が入ることが多いです。

活用例（隣接ペア）

A: *Could you give us your opinions, please?*

B: All right. *I'm sure Tahina wants to become a teacher.*

A: I like your opinion, but how do you know that? 【268】

B: Well, she says "I like children very much" in the 4th line from the bottom. 【254 関連表現】

A: OK, but …

B: Tell me your opinion, please. 【213】

関連表現

・I'm not sure Kasane wants to go to Australia.（かさねがオーストラリアに行きたいと思っているかはわかりません）【276】

・I'm not sure whether Kyoko's answer is correct or not.
（恭子の答えが正しいのかどうか確かではありません）

・I'm not sure about the correct answer to Q3.
（問 3 の解答にはあまり自信がありません）【276】

285 | Are you with me?
ここまではいいですか

ポイント

　何かについて英語で説明しているとき，「ここまではわかりますか，理解できていますか」などと，説明の途中で仲間の理解状況を確認する場面があります。Are you with me? は，文字通りに言えば「私に着いてきていますか，私の側にいますか（賛成ですか）（【230 関連表現】），あなたは私と一緒にいますか」という意味から，「ここまではいいですか」に転じたプレハブ表現です。

活用例（隣接ペア）

A:【自分の考えについて説明する】*Are you with me?*

B: *Yeah. Go on, please.*【113】

A: Good. So the problem is Nanami doesn't like English and ...【説明を続ける】

C: I see your point.【279】

D: Wait a second.【96】 I'm not sure, but she does like English. She just thinks English is difficult to learn.

A: That's a good point!

関連表現

・Are you with us? (聞いていますか)【138】

・I don't think I'm following you.
　(あなたの言っていることがわかりません)【249】

・Do you understand what I'm saying?
　(私の言ってることがわかりますか)【258】

286 | Have you found the answer yet?

もう答えを見つけましたか

ポイント

学習集団全体に問いかけられた少々難しい質問に対して仲間が手こずっている状況で，助けが必要かどうかを尋ねるために使用するプレハブ表現です。

関連表現にある Did you find the answer?（過去形を使用）も同様の機能で使用できないことはありません。しかし，Have you found the answer yet?（現在完了形）のほうが，苦労している仲間に寄り添おうとする態度を示すのには，より適切な表現かもしれません。

活用例（隣接ペア）

A: …

B: *Have you found the answer yet?*

A: *Not yet.*（まだです）

B: Need any help?【136】

A: Well, I'm trying.【44】

B: All right. When you need help, please let me know.（手助けが必要なときは，教えてくださいね）

A: Thank you for your concern.（心遣いありがとう）

関連表現

・Did you find the answer?（答えを見つけましたか）

・Have you finished?（終わりましたか）

・Are you through?（終わりましたか）【104】

287 | Where did you find it?
それをどこで見つけましたか

■ ポイント

　英語を聞いたり読んだりしている際に，推論を働かせて意味を解釈しなければならない場面があります。Where did you find it? は，そのような状況で，ある人がある部分の解釈をめぐって独自の意見を出した際に，その意見の根拠となる表現等の場所を問うために使用するプレハブ表現です。

■ 活用例（隣接ペア）

A: Why do you think Okinawa music is so popular in Japan?

B: *Because the melody is very unique.*

A: All right, but *where did you find it*?

B: *Look at the last line on page 50.* It reads "They like the unique melody." ("They like the unique melody" と書いてあります)【この 'read' は「書いてある」という意味】

A: Who are 'they'?

B: I think 'they' are the fans of Okinawa music.【283】

■ 関連表現

・How do you know?（どうしてわかるのですか）【268】

・What evidence do you have?
（どんな根拠がありますか）【268 関連表現】

・Any evidence in the story?
（物語の中に根拠がありますか）【268 関連表現】

・Where did you find the evidence?（どこに根拠がありますか）

288 | Can you rewrite this sentence?

この文を書き換えることができますか

ポイント

　文の意味をちゃんと理解しているかを確かめるため，別の語句や表現や文型を用いて言い換えたり書き換えたりすることがあります。Can you rewrite this sentence? は，そのような状況で，仲間に文の書き換えに挑戦するよう促すときに使用するプレハブ表現です。

活用例（隣接ペア）

A: Hmm … The meaning of this sentence isn't clear to me.

B: I agree.

A: Well, *can you rewrite this sentence*, Saori?

C: *Sure, let me try.* "Believe in yourselves to achieve your goals in your future."

A: Beautiful! Now I understand its meaning. Thank you.

関連表現

・Please paraphrase this sentence.

（この文を言い換えてください）

・How do you say this sentence in easy English?

（この文をやさしい英語でどう言いますか）【198 関連表現】

・Can you say this in a different way?

（この文を別の言い方で表現することができますか）【217】

・Can you translate it into Japanese?

（日本語に訳してくれますか）【280】

289 Let's do the exercises on page 21.
21ページの練習問題をやりましょう

ポイント

Let's do the exercises on page 21. は，特定ページの練習問題をしましょう，と仲間に行動を促すときに使用するプレハブ表現です。

'Do exercises' という表現は，健康の維持や増進のための運動を行う，という場合にも使用されます。場面や状況によって意味が異なる表現と言えるでしょう。

活用例（隣接ペア）

A: *What shall we do next?* 【259】

B: *Let's do the exercises on page 21.*

C: *That's a good idea.*

A: All right … 【練習問題に取り組む】

D: What's your answer to Q1?

B: My answer is 'singer.' How about you, Kazuko?

A: I got the same answer!

B: Good!

関連表現

・Shall we do the exercises?（練習問題をしましょうか）【168 275】

・Let's challenge the exercises on page 50.
（50ページの練習問題に挑戦してみましょう）

・How about doing the exercises on the next page?
（次のページの練習問題をやりましょうか）

290 | What did you choose for the keywords of this section?

このセクションのキーワードには何を選びましたか

ポイント

ある程度の長さのある英語の文章を聞いたり読んだりする場合，キーワード（鍵となる重要な語句）を確認するのは，内容を的確に把握するためにもとても重要な学習活動です。What did you choose for the keywords of this section? は，このような状況で，仲間と英文のキーワードを確認するために使用するプレハブ表現です。

活用例（隣接ペア）

A: Let's share the contents of this section. （このセクションの内容を確認しましょう） Everyone, *what did you choose for the keywords of this section*?

B: *Well, I chose 'volunteer work' 'used stamps' 'South Asia' and 'doctor.'*

A: Good. Does anyone have different keywords?

C: Yes! I chose 'Daisuke's uncle'.

関連表現

・What are the keywords you chose?
（君の選んだキーワードは何ですか）

・What do you think are the most important words in this story? （この物語で最も重要な語は何だと思いますか）【225】

・Let's share the keywords of this passage. （この文章のキーワードを確認（共有）し合いましょう）【271 275】

291 | How do you like Tomoe's opinion?
朋恵の意見はどう思いますか

ポイント

グループ活動の際に，ある人の意見をほかのメンバーはどのように評価しているかを尋ねたいときがあるものです。

How do you like Tomoe's opinion? は，このような状況で，ある人の意見についてほかの構成員はどう思うかを問うために使用するプレハブ表現です。

活用例（隣接ペア）

A:　Can I say something?【171】

B:　Sure.　Go ahead, Tomoe.

A:　I think Kenta's grandfather is a school teacher.

C:　*How do you like Tomoe's opinion?*

B:　*Yeah, I like it very much!*

C:　Me too, because he says he's teaching children.

A:　He is also a student because he learns from them.

B:　That's right!

関連表現

・What do you think of Tomoe's opinion?

　（朋恵の意見をどう思いますか）【225】

・Do you agree with her opinion?

　（君は彼女の意見に賛成ですか）【226 230】

・Do you think Arisa's opinion is logical?

　（有梨紗の意見は理に適っていると思いますか）

292 Please tell me if you agree with me or not.

ぼくに賛成か反対か教えてください

ポイント

Yes か No か，賛成か反対かなど，ある事柄に対する相反する考えのどちらを対話の相手がもっているかを聞き出したい場合があります。Please tell me if you agree with me or not. は，そのような状況で使用するプレハブ表現です。

なお，'Please tell me if X or not.' の X のところには，様々な文（'your mother likes flowers' など）が挿入できます。

活用例（隣接ペア）

A: Hmm …

B: *Please tell me if you agree with me or not.*

A: *OK. I like your idea, but it costs a lot.*（ん，君の考えはいいと思うけど，たくさんお金が必要でしょう）

B: I know!

A: How about helping each other?

B: Well, that's one thing we can do.

関連表現

・Do you agree with me or not?

（君はぼくに賛成かい，反対かい）【230】

・Tell me whether you like apples or not.

（リンゴが好きかどうか教えて）

・I don't know if Tomoe comes to the party or not.

（朋恵がパーティーに来るかどうかはわかりません）

293

My view is that Taro wasn't happy about Hiroko's opinion.

太郎は宏子の意見には賛成していなかったというのがぼくの考えです

ポイント

　英文の内容について意見交換する場面があります。そのような状況で自分の考えを述べるためのプレハブ表現がこの表現です。この表現のフレームとなる 'My view is that X.' の X のところにはいろいろな文を挿入して使用することができます。

活用例（隣接ペア）

A: All right. Tell us your opinions.

B: Can I go first? 【119 147】

A: Sure.

B: *My view is that Taro wasn't happy about Hiroko's opinion.*

C: *Well, you may be right, but I have a different opinion.* 【281】

B: OK. Please tell us about it.

C: All right. I think Taro liked her opinion, but he didn't ....

関連表現

・Their dances come from nature. This is my view.

　（彼らの踊りは自然に由来するものです。これが私の見解です）

・In my view, we don't need a rakugo hall in this city.

　（ぼくの考えでは，落語会館はこの街には必要ないと思います）

・From my point of view, *umami* is the most important taste.

　（私の考えでは，うまみが最も重要な味だということです）

294 | You mean she's never seen fireworks?

つまり彼女は花火を見たことがないということですか

ポイント

　グループで英文の内容について議論をしている際に，仲間が言いたいことがうまく飲み込めない場合があります。You mean she's never seen fireworks? は，そのような状況で，相手の真意を確かめる目的で使用するプレハブ表現です。

　'You mean' は 'Do you mean' の簡略形なので，文末を上昇させて Yes-No 疑問文のように発話します。この場合，'You mean X.' の X のところには文が入ります。

活用例（隣接ペア）

A: Sachi saw the festival for the first time, I think.

B: *You mean she's never seen fireworks?*

A: *No, I didn't mean that.* I just wanted to say … she hasn't joined that festival before, but she has already seen fireworks many times.

B: Ah, I see.

A: Sorry my English is so poor.

関連表現

・Do you mean Goro's never been to Germany?

　（つまり五郎はドイツに行ったことがないということですか）【251】

・Are you saying Tomoe has never thought about it before?

　（朋恵はこれまでそれを考えたこともないと君は言っているのですか）

　【302】

295 | Let's put these sentences in the proper order.
この文を適切な順に並べましょう

ポイント

　まとまりのある筋の通った英語の文章になるように，複数の英文を適切な順序に並べ替える学習があります。Let's put these sentences in the proper order. は，グループやペアでそのような学習活動を行う際に，活動開始を仲間に告げるために使用するプレハブ表現です。

　'put X in the proper order' の X のところに，複数の物や事柄や人物などを挿入して，それらを適切な順に並べるという状況で使用することができます。

活用例（隣接ペア）

A:　*Let's put these sentences in the proper order.*

B:　*All right.　Let's begin.*

C:　This one comes first?

D:　Well, I'm afraid that comes last.　Don't you think so?

C:　I agree.

関連表現

・Let's put these cards in alphabetical order.

　（このカードをアルファベット順に並べましょう）【241】

・Arrange them in the proper order, please.

　（それらを適切な順にきちんと並べてください）

・Let's change the order of these sentences.

　（これらの文の順序を変えましょう）

296 | Something like that.

そんな感じです

ポイント

記憶や情報が多少あいまいで正確に言うのを避けたい場合があります。Something like that. は，例えば，対話の相手が英文の概要についての自身の見解を述べた状況や何かの数を問われた状況で，「そんなところです」と言葉を濁してやり過ごすために使用するプレハブ表現です。

活用例 (隣接ペア)

A: How old do you think she is? (彼女は何歳だと思いますか)

B: *Hmm ... 34?*

C: *Something like that.*

B: I agree with you.

D: Wait a second. Look at the sentence in the 3rd line from the bottom. It reads 'After 12 years.'【この 'read' の意味は 287 の活用例を参照】 So she must be 32.

B: Right! How clever you are, Keita!

C: I didn't notice it, either. (私も気づかなかった)

A: Thank you, my friends.

関連表現

・My opinion is something like this. (ぼくの意見は，こんな感じです)【と，まず述べてから自分の意見を続ける】

・Not like that. Just like this. (いや，そうではなくて，こんな感じで)【道具などの扱い方について実演で示す】

297 Could you explain it in more detail?

それをもっと詳しく説明してくれませんか

ポイント

　相手の意見や説明で，もっと詳しい内容を知りたいと思うことがあります。Could you explain it in more detail? は，そのような状況では，「それをもっと詳しく説明してください」と，仲間に依頼するために使用するプレハブ表現です。

　'it' を 'your opinion'（君の意見）や 'the reason'（その理由）など，様々な表現を代入してこの表現を活用できるようにしたいものです。

活用例（隣接ペア）

A: Well, I don't agree with his opinion.

B: *Could you explain it in more detail?*

A: *OK.　Ken says 'some children' not just 'children.'　That means some of the children can't go to school, but not all.*（数人の子どもが学校に行けないわけで，皆ではないという意味だよね）

B: That's a very good point.　I like it!

関連表現

・More details, please.（もっと詳しくお願いします）【くだけた表現】

・Could you go into further detail?

　（もっと詳しく説明してください）

・For more details, read my report, will you?

　（さらに詳しいことは私のレポートを読んでくれますか）

> **298** | ## I may be wrong, but this 'that' refers to this sentence.
>
> 間違っているかもしれないけど，この 'that' はこの文を指し
> ていると思います

ポイント

あまり自信はないが，仲間に自分の考えを伝えたいと思うこと
があります。I may be wrong, but this 'that' refers to this sen-
tence. は，このような状況で使用できるプレハブ表現の１つです。

'I may be wrong, but X.' の X のところに主張したい文を挿
入します。そうすれば，多少控え目に自分の考えを様々な状況で
伝えることができるようになります。

活用例（隣接ペア）

A: *I may be wrong, but this 'that' refers to this sentence.* 【283】

B: *Let me see ...* 【204】 *I'm not sure about it.*

C: I think Hideo is right.

A: Oh, do you agree with me, Kimiko?

C: Yeah. Because Maki says 'volunteer work' after Bob.

関連表現

・I might be wrong, but I don't think he wants to be an En-
glish teacher.（間違っているかもしれませんが，彼は英語の教師に
なりたいとは思っていないと私は思います）【少し硬い表現】

・I could be wrong, but this sentence comes first.（間違っている
かもしれませんが，この文が最初にくると思います）【少し硬い表現】

・You may be right, but ...（そうかもしれないけど，でも...）【281】

---

299 | **Could you give me a word of similar meaning?**

似た意味の語をあげてくれませんか

■ ポイント

　まとまりのある英語の文章を読んでいる際に，どうしても意味を思い出せなかったり，意味がまったくわからなかったりする語が出てくる場合があります。

　この表現は，そのような状況で，仲間に似た意味を表す語，すなわち類義語（シノニム）をあげてもらい，その語の意味を推測したいときなどに使用するプレハブ表現です。

■ 活用例（隣接ペア）

A: Oh, I don't understand the meaning of this word.【つぶやく】

B: You need help?

C: Yes, I can't remember the meaning of this word ('hare'). *Could you give me a word of similar meaning, please?*

D: *Well, let me see … It's a 'rabbit.'*

C: Ah, now I remember. It's 'no-usagi' in Japanese, right?

D: That's right.

■ 関連表現

・Give us a hint, please? (ヒントをください)【229】

・Do these words have the same meaning?

　(これらの語は同じ意味ですか)

・Can you think of any synonym for this word?

　(この語の同義語（シノニム）を何か思いつきますか)

300 | Don't you think 'peace' is the most important word for this story?

'peace' は，この物語で一番重要な語だと思わないですか

ポイント

英語の学習を進める際に，自分の考えが正しいかどうかを確かめたい場合があります。

この表現は，少し控え目に同意を求める場面で使用するプレハブ表現です。'Don't you think X?' の X のところには，同意を求めたい様々な具体的な内容（文）が代入されます。

活用例（隣接ペア）

A: *Don't you think 'peace' is the most important word for this story?*

B: *Yeah, I agree with you.*【189 活用例】

C: Well, I'm afraid I have a different opinion.

A: OK. Please tell us about it.

C: Sure. I think the keyword of this story is 'war.'

関連表現

・I don't think her answer is wrong.

（彼女の答えが間違っているとは思いません）【221】

・'Peace' is the most important word for this story, don't you think?（'peace' は，この物語で一番重要な語だと思いませんか）

・'Peace' is the most important word for this story. Do you agree with me?（'peace' は，この物語で一番重要な語です。皆は私に賛成ですか）

> **The point is we should do 4Rs to save the earth.**
> 301
> 要するに，地球を守るためには 4 つの R を実行すべきという
> ことです

ポイント

　この表現は，「要するに，ポイントは，肝心なのは，大切なのは〜です」というように，自分の考えや本文の内容などについて要点を述べるときに使用するプレハブ表現です。

　'The point is (that) X.' の X のところには，状況に応じてポイントとなる具体的な文を挿入して使用することができます。また，関連表現にあるように，このフレームは結論や理由を整理して述べる場合にも使用することができます。

活用例（隣接ペア）

A: *I don't know what the passage wants to say.*
（この文章が何を言いたいのかわかりません）

B: *The point is we should do 4Rs to save the earth.* Don't you think so?

C: *Yeah, that makes sense.* What do you think, Kyoko?

A: Hmm … that's a point, but … （それも 1 つの考えだけど）

関連表現

・The conclusion is (that) X.（結論は X です）
・The reason is (that) X.（その理由は X です）
・The problem is (that) X.（問題は X です）
・That's the point.（それだよ，それが肝心なんだ）【238 活用例】

Are you saying Toru doesn't want to go there with his father?

徹はお父さんと一緒にはそこに行きたくないと思っていると言うのですか

■ ポイント

グループで議論しているときに，仲間の主張などについて，その真意を確認したい場面があります。Are you saying Toru doesn't want to go there with his father? は，そのような場面で相手の意見や要点などを確認したいときに使用するプレハブ表現です。

'Are you saying X?' の X のところには，「あなたは，X と言っているのですか」というように，様々な状況に応じて確認したい内容（節，文）を代入して使用することができます。

■ 活用例（隣接ペア）

A: Wait a second. *Are you saying Toru doesn't want to go there with his father?*

B: *No, that's not what I'm saying.* Toru wants to go to Italy, not England, with his father.

A: Oh, I see. That makes sense to me. 【266】

■ 関連表現

・Do you mean Ken wants to go to Italy? 【251】
（健はイタリアに行きたいと思っていると君は言いたいのですか）

・You want to eat lunch outside. Is that what you want to say?
（昼食を屋外で食べたい，それが言いたいのですか）

・Do you want to say judo is a nice topic for the project?
（プロジェクトのテーマとして柔道がいいと言いたいのですか）

> **303**
>
> # By the way, do we have to finish this by 10:30?
>
> ところで話は変わるけど，10:30 までにこれを仕上げなければならないですか

ポイント

　この表現は，グループで討論している際に，本題からそれる話題を取り上げるときに使用するプレハブ表現です。

　'By the way' は，「ところで」の日本語訳をつけられることが多いですが，日本語の「ところで」は，むしろ「本題」に入る場合に使用することが多いようです。

活用例（隣接ペア）

A:　Remember to put a question mark at the end.

（疑問符を最後に書き忘れないでね）

B:　*By the way, do we have to finish this by 10:30?*

A:　*Yes, you're right.　I forgot about it.*（忘れていました）

C:　We don't have much time left then.【140】

B:　No.　We should hurry up!

関連表現

・Now then, let's begin today's small talk.

　（それでは，今日のスモールトークを始めましょう）

・And so, you had a good time in Sapporo last year.

　（そういうわけで，君は去年札幌に行って楽しかったんだよね）

・Well, what did you do last Saturday?

　（ところで，先週の土曜日は何をしましたか）

304 | Let's get back to the point.

話をもとに戻しましょう

グループで意見を交換したり，本文の話題などについて議論したりしていると，ついつい話が本題から横道にそれてしまうことがあります。

Let's get back to the point. は，そのような場合に，「話を本題に戻しましょう，話題を戻しましょう」と，仲間に元の道に戻りましょうと行動を促すときに使用するプレハブ表現です。

活用例 （隣接ペア）

A: Well, my father loves hiking very much.

B: Oh, does he? So does my father. （ぼくの父もそうだよ）

C: Everyone, *let's get back to the point.*

A: *I'm sorry. Where were we?* （どこまで話したかな）

B: If my memory is correct, we were talking about the way to save the earth. 【317 関連表現】

A: You're right. Tadashi told us about plastic bags. Right?

C: Yeah. I think we shouldn't use them for shopping any more.

D: I agree. But the problem is how all of us follow the rule.
   （問題は，どうやって皆がルールを守るかです）

関連表現

・Let's go back to the topic. （話題を戻しましょう）

・Let's get back on track. （本題に戻りましょう）

・We went off topic. （話がそれました）

305 | When it comes to sumo, Haruka knows quite a lot about it.

相撲のことなら，春香は相当詳しいよ

ポイント

　この表現は，「～に関することなら，～のことになると，～について」，ぼくに任せておいて（leave it to me），などという状況で使用するプレハブ表現です。

　'When it comes to X, ...' のフレームの X には，'America'（アメリカ），'sports'（スポーツ），'the history of Japan'（日本の歴史）などの様々な名詞句を代入して活用することができます。

活用例（隣接ペア）

A: Let's talk about things Japanese.

（日本的なものについて話をしましょう）

B: *How about sumo?*

C: Ah, that's a good idea. *When it comes to sumo, Haruka knows a lot about it.*

関連表現

・As for me, I'm not good at English.

（私はと言えば，英語は得意ではありません）

・Concerning his failure, I can't think of the reason.

（彼の失敗に関しては，その理由が思い当たりません）

・It's about my friend, Tomoe; she's been really having a good time in Australia. （友だちの朋恵のことですが，彼女はオーストラリアで本当に楽しく過ごしています）

306 | I remember you told me you went to Tokyo during the summer vacation.

夏休みに東京に行ったと君が話してくれたことを覚えています

ポイント

この表現は，話題を提供したいときなどに使用できるプレハブ表現です。

'I remember you told me X.' の X のところには，対話の相手が話してくれたこと，思い出した具体的な内容（文）を代入して使用します。

活用例（隣接ペア）

A: *Let's talk about our summer vacation.*

B: *I remember you told me you went to Tokyo during the summer vacation.*

A: Do you? What a good memory! (よく覚えていますね)

C: Could you tell us about it, Daigo?

A: Sure. I went there with my family to see our grandparents.

C: Oh, they live in Tokyo. I didn't know that.

関連表現

・Do you remember I told you X?

　（ぼくが君に話した X を覚えていますか）

・I forgot what you told me the other day.

　（この間君が話してくれたことを忘れてしまいました）

・I was thinking about the story you told me last week.

　（君が先週話してくれた物語を思い出していました）

307	What does the speaker mean by this sentence?

この文で話者が伝えたいことは何ですか

■ ポイント

　対話文を聞いたり読んだりして，登場人物の発話の意味や意図を解釈する活動があります。What does the speaker mean by this sentence? は，ある話者の発話（utterance）の意図（intention）をどのように思うかを仲間に問うときに使用するプレハブ表現です。

　What does this sentence mean? は，文の文字通りの意味を尋ねる場合に，一方，この見出し表現は，聞き手や読み手が推論を働かせて解釈する発話の意図や含意を尋ねるときに使用します。

■ 活用例（隣接ペア）

A: *What does the speaker mean by this sentence?*

B: Hmm … *That's a good question.* What do you think, Yoshio?

C: Well, I'm not sure, but I think she means something like she wants her parents to give her a chance to go abroad.

■ 関連表現

・What do you mean by that?（それはどういう意味ですか）【257】

・What is the meaning of this sentence?
（この文の意味は何ですか）

・What do you think is the speaker's intention?
（話者の意図は何だと思いますか）

・What does the speaker want to say by this utterance?
（この発話で話者が言いたいことは何ですか）

308 | Could you show us how we use this word in a sentence?

この語を文中でどう使うか教えてくれませんか

ポイント

この表現は，語の意味はわかるのですが，文中でどのように使用したらよいかわからない場合に，その使い方を仲間に尋ねるために使用するプレハブ表現です。

'Could you show us X?' の X のところには，教えてもらいたいこと，示してほしいことなど，様々な事柄を挿入して使用することができます。

活用例（隣接ペア）

A: I know the meaning of this word, but *could you show us how we use this word in a sentence*?

B: *Sure. Let's me see …* "My mother reminded me of the essay I wrote as an elementary student."（母はぼくが小学生のときに書いた文章を思い出させてくれた）

A: Wow! How beautiful!

関連表現

・Could you show us how to use this?

（これの使い方を教えてくれませんか）

・Show me how to use this, please.

（これの使い方を私に教えてください）

・Could you show us what we should do next?

（次に何をしたらいいか教えてくれませんか）

> **309**
>
> ## To sum up, Tadashi wants to say that he is worried about the exam result.
>
> まとめると，忠志が言いたいのは，自分のテスト結果を気にしているということだよ

■ ポイント

　まとまりのある英文を聞いたり読んだりして内容の概要・要点をまとめたり，英作文の終わりでまとめを書いたりする場面があります。'To sum up' は，'In summary' 'Let me sum up.' 'In short' と同様，そのような場面で使用するプレハブ表現です。

■ 活用例（隣接ペア）

A: What is the main point of Tadashi's speech?

B: I think he didn't do well in the exam.

C: Can I say something?

A: Sure. Go ahead.

C: *To sum up, Tadashi wants to say that he is worried about the exam result.*

D: *Ah, I agree with you, Akira.*

■ 関連表現

・In summary, the best way to pass the exam is to study hard.
（要約すると，試験に合格する最良の方法は一生懸命勉強することです）

・Let me sum up. It's important for us not to use chopsticks.
（要約してみよう。重要なのは箸を使わないことです）

・In short, he doesn't like it.
（要するに，彼はそれが好きではないということです）

310 | What would you do if you were the man?

もし君がその男の人だったらどうしますか

ポイント

登場人物になりきったり，仮に自分が登場人物であった場合に，どのような行動をとるかを仲間らと議論することがあります。What would you do if you were the man? は，そのような状況で，相手に，君ならどのような行動をとるかを尋ねるときに使用するプレハブ表現です。

活用例（隣接ペア）

A: I don't understand why he could take a picture like this.

（なぜ彼がこのような写真をとれたのか，私には理解できません）

B: Well, I see your point, but *what would you do if you were the man*?

A: *I would go to the baby to keep him away from the bird.*

D: OK. But the picture told us a lot about poor people in the world.

C: Exactly. That's a point.【301 関連表現】

関連表現

・If you were Sachiyo, what would you do?

（もしあなたが幸代であれば，どうしますか）

・I wish I were a bird.

（私が鳥であればよいのですが）【55 活用例を参照】

・I would help you if I could, but I can't.

（できれば君を助けたいのですが，できないのです）

311 | Let me say it in a different way.
別の角度から言わせてください

ポイント

ペアやグループで活動している際，相手の理解が充分ではない，自分の考えが相手にうまく伝わっていないという状況があります。Let me say it in a different way. は，そのような状況で仲間に理解を深めてもらおうと前言を言い換えるために使用するプレハブ表現です。

'Let me say X in a different way.' の X のところには，様々な言葉や事柄などを挿入することができます。

活用例（隣接ペア）

A: *Well, I'm not sure what you're saying.*

B: All right. *Let me say it in a different way.* We have to worry about animals and plants because they are dying out every day on this planet.

A: Now I got it.

B: Glad you understand me.

関連表現

・Let me repeat what I said in other words.

（私が行ったことをもう一度別の言葉で繰り返させてください）

・Shall I reiterate that?

（それをもう一度繰り返しましょうか）【硬い表現】

・In other words, you don't agree with Keita's opinion, right?

（言い換えれば，君は圭太の意見に反対ということだよね）

312 | Do I understand you correctly?

私の理解で間違いありませんか

ポイント

対話の相手が述べた事柄について、自分がきちんと理解しているかどうかを確かめるために、それを要約したり言い換えたりして、さらに、それが正しい理解かどうかを確かめたい場合があります。Do I understand you correctly? は、このような状況で使用するプレハブ表現です。

'Do I understand X correctly?' の X のところには、'you'「君」だけでなく、'her'（彼女）、'the text'（本文）など、様々な人や事柄を挿入して使用することができます。

活用例 (隣接ペア)

A: Your conclusion is Mr. Sugihara wrote visas to save peo-ple's lives. *Do I understand you correctly?*

B: *Exactly!*【166 活用例】

A: Thank you, Haruka.

B: OK, let's sum up. （ではまとめましょう）【309】

関連表現

・Am I right? （私は正しいですか）

・Am I wrong? （ぼくは間違っていますか）

・Do I understand what you're saying correctly?
　（私は君の言っていることを正しく理解していますか）

・Do you understand what I mean?
　（私の言っていることがわかりますか）

313　Have you learned the passage by heart?
その文章を暗記しましたか

ポイント

Have you learned the passage by heart? は，課題として出された英文などを仲間はもう暗記したかどうかを尋ねるときに使用するプレハブ表現です。

'learn X by heart' の X のところには，'the passage'（文章），'the sentence'（文），'the dialogue'（対話），'the poem'（詩）など，暗記する言葉や事柄を挿入して使用することができます。

活用例（隣接ペア）

A: Satoru, what are you doing?

B: I'm trying to remember … *Have you learned the passage by heart?*

A: *Oh, no. I forgot to do that!*

B: Well, we have two more days.

A: You saved my life.（助かりました）

関連表現

・Have you memorized the passage yet?
　（その文章をもう暗記しましたか）

・Can you remember all the sentences in the passage?
　（その文章中の文をすべて思い出せますか）

・Don't forget that!（それを忘れないように，覚えておくように）

・Be sure to keep this in mind.
　（これだけはちゃんと覚えておいてください）

314 Is there anything wrong with my reading?

私の読みで間違ったところはありますか

ポイント

グループあるいはペアで音読練習をしている際に，自分の読み方が正しいかどうか，どこか間違っているところはないかを仲間に聞きたい場面があります。Is there anything wrong with my reading? は，そのような場面で使用するプレハブ表現です。

なお，'Is there anything wrong with my X?' の X のところには，'writing'（作文），'spelling'（綴り），'presentation'（口頭発表）などを挿入して使用することができます。

活用例（隣接ペア）

A: OK. *Is there anything wrong with my reading?*

B: *Well, I don't think there is any.*

A: Good. Then it's your turn to read it.

B: All right. Let me try.

A: Take a deep breath and then get started.

B: Got it.

関連表現

・Is my reading correct?

（この読み方であっていますか）

・What's wrong with this spelling?

（この綴りのどこが問題ですか）

・Is there any mistake in my reading?

（ぼくの読み方で間違いはありますか）

315

That's a good question, but we need to stay on topic.

それはいい質問ですね，でも本題からそれないようにする必要があります

ポイント

　自分の発表や意見表明に対して仲間から質問を受ける場合があります。この表現は，質問自体は価値あるものの，話題からそれないよう相手に伝えるために使用するプレハブ表現です。

　'That's a good question, but X.' の X には，相手の質問に対して回答を保留したり，避けたりする理由などを代入して使用します。

活用例（隣接ペア）

A: *Wasn't Manjiro happy about his life in Japan?*

B: *That's a good question, but we need to stay on topic.*

A: Oh, all right. I'm just interested in his life in Kochi.

B: Yeah. Me too. Let's talk about it after discussing this topic.

A: That's a good idea.

関連表現

・That's a good point, but I don't think it is the main idea.

　（それはいいポイントですが，でも本筋ではないと思います）

・That's a good idea, but how do we do that?

　（それはいい考えですが，どうやって実行するのですか）

・That's not what I thought, but I like it.

　（それは私が考えていたことと違うけど，私はいいと思います）

316 | Let's read the text aloud sentence by sentence by taking turns.

文ごとに交替して本文を音読しましょう

ポイント

英文を音読練習する際，1人が1文を担当して交替で音読する場合があります。この表現は，そのような場合に，仲間に交替で音読練習をしようと提案するときに使用するプレハブ表現です。

下の関連表現にあるように，'Let's read X aloud Y.' の X のところには，声を出して読むものを，Y のところには 'sentence by sentence by taking turns'（文ごとに交替して），'together'（一緒に），'in chorus'（声をそろえて）などを代入して使用することができます。

活用例（隣接ペア）

A: Now shall we do a reading practice? 【275】

B: *How shall we do it?*（どうやって練習しましょうか）

C: Well, *let's read the text aloud sentence by sentence by taking turns.*

A: *That's a good idea.* You go first. 【119】

D: Uh-huh.

関連表現

・Let's read the dialogue aloud together.

（対話を一緒に声を出して読みましょう）

・Let's read the story aloud in chorus.

（声をそろえて物語を音読しましょう）

> **317**
>
> ### If I understand you correctly, you're saying that different cultures influence each other.
>
> 正しく理解しているとすれば，あなたが言っているのは，異文化はお互いに影響し合っている，ということですね

■ ポイント

　英文の内容などに関して意見交換している際に，相手の意見に対する自分の理解が正しいかどうかを確認したい場合があります。この表現は，少しは控え目にそれを確認するプレハブ表現です。

　'If I understand you correctly, X.' の X（文）のところには，確認したい内容を代入して使用します。

■ 活用例（隣接ペア）

A: American culture influences Japanese culture and Japanese culture also influences American culture.

B: *If I understand you correctly, you're saying that different cultures influence each other.* Right?

A: *Exactly.*

■ 関連表現

・As far as I understand you, your conclusion is that we should stop using chopsticks.（私が理解する限りでは，君の結論は箸を使うのは止めるべきだということです）

・If my memory is correct, X.

　（もしぼくの記憶が正しければ，…）【304 活用例】

・As for me, I'm not good at writing English.

　（私はと言えば，英語を書くのは得意ではありません）【305 関連表現】

PART I 良好な人間関係を築き維持するためのプレハブ表現

01 How are you?　こんにちは

02 Thank you.　ありがとうございます

03 Good morning.　おはようございます

04 Well done!　うまい，お見事！

05 You're welcome.　どういたしまして

06 Nice to meet you.　はじめまして

07 My name is Daisuke.　私の名前は大輔です

08 Oh, really?　え，ほんとうですか

09 Are you all right?　だいじょうぶですか

10 Nice T-shirt!　いい T シャツですね

11 Excuse me.　すみません

12 Good-bye.　さようなら

13 See you.　じゃあまたね

14 Good try!　おしい！

15 Have a nice day!　楽しい一日を過ごしてください

16 Congratulations!　おめでとう！

17 Happy birthday!　誕生日おめでとう！

18 I can't wait.　楽しみで待てないよ

19 Take it easy!　気楽にいこう

20 Be careful!　気をつけて

21 I don't mind.　気にしないよ

22 Let's enjoy English.　英語を楽しみましょう

23 I like your pencil case.　いい筆箱ですね

24 It's pretty.　きれいですね

25 It's a nice day.　いい天気ですね

26 What's the matter?　どうしたのですか

27 Yes, a little.　はい，少しだけ

28 Do you feel okay?　気分悪くない，だいじょうぶ
29 Here you are.　はい，どうぞ
30 You look great today!　今日はいかしてますね
31 This is for you.　これ，どうぞ
32 You are good at English.　英語が上手ですね
33 Nice talking to you.　話ができてよかったです
34 That's great!　すばらしいね
35 How about you?　あなたはどうですか
36 Don't worry.　心配しないで
37 Forget it.　そんなこと忘れて
38 It's very hot.　Don't you think so?
　　すごく暑いですね。そう思いませんか
39 You can do it!　君ならできるよ
40 Be confident!　自信をもって
41 Don't be so sad.　そんなに悲しまないで
42 Just be yourself.　落ち着いて
43 Do your best.　ベストを尽くして，頑張ってね
44 I'm trying.　今頑張ってるから
45 That's too bad.　それは困ったね
46 Cheer up!　元気を出して
47 I'm behind you.　応援しているよ
48 How nice of you!　本当に親切に，ありがとう
49 Good for you.　よかったね
50 Hang in there.　あきらめないで頑張って
51 Give me a high-five!　ハイタッチ！
52 I'm sorry I'm slow.　遅くてごめんなさい
53 That's my mistake.　それは私の間違いです
54 You poor thing.　かわいそうに
55 Your English is great!　君の英語はすばらしいです！
56 Nice to see you again.　また会えてうれしいです
57 Much better.　ずっと良かったよ
58 You know what?　あのね，ちょっと聞いて
59 I'm proud of you.　すごいね，あなたを誇りに思うわ
60 The blue shirt suits you.　その青いシャツ君に似合っているよ

61 What's up?　変わりはありませんか

62 If you like.　もし君がよければ

63 What happened to you?　どうしたのですか

64 Your English sounds beautiful.
あなたの英語の発音すごく上手ですね

65 I'm afraid not.　残念ながらそうではないようです

66 Isn't that amazing?　実にすばらしいですね

67 Welcome back!　お帰りなさい

68 I hope not.　そうでないといいね

69 I'll talk to you later.　また後で話をしましょう

70 Can you help me?　ちょっと手伝ってくれますか

71 I know.　そうだよね，分かっているよ

72 You know.　分かっていると思うけど

73 What a lovely pencil!　何とかわいい鉛筆なの

74 I'm sorry to hear that.　それはお気の毒に

75 Excuse me?　え，何ですって？

76 I'm on your side.　君の味方だからね

77 It wasn't that bad.　そんなに悪くなかったわよ

78 Do me a favor, will you?　頼みがあるのですが

79 It's not your fault.　あなたのせいじゃないですよ

80 Thank you for choosing me.　私を選んでくれてありがとう

81 I hope to see you soon.　またすぐ会えるといいね

82 I'm looking forward to seeing you again.
また会えるのを楽しみにしています

83 Sorry for interrupting you.　お話し中ですが

84 You made my day.　最高の一日にしてくれてありがとう

85 That's good to hear.　それはよかったね

86 You made it!　やり遂げたね！

87 I'm so impressed with your speech.
あなたのスピーチに感心しました

88 You're such a great English speaker.
あなたはとてもすばらしい英語話者ですね

89 Thank you for the compliment.　ほめてくれてありがとう

90 I understand how you feel.　気持ちわかりますよ

91 You deserve it. 君はそれに見合う人ですよ

PART II 秩序だったやり取りと規律ある集団を維持管理する
ためのプレハブ表現

92 Here! はい！
93 Are you ready? 準備はいいですか
94 Not yet. まだです
95 Hurry up, please! 急いでください
96 Wait, please. 待ってください
97 I'm finished. 終わりました
98 Stop it, please. やめてください
99 After you. お先にどうぞ
100 Now I got it! ああ，わかった！
101 It's my turn. ぼくの番だ
102 Let me try. ぼくにさせて
103 It's not fair! それはずるいよ
104 Are you through? 終わりましたか
105 Try again! もう一度試してごらん
106 Let's get started. さあ，始めましょう
107 Can I go to the bathroom?
　お手洗いに行ってきてもいいですか
108 Listen, please. 聞いてください
109 Where is your bag? あなたのカバンはどこですか
110 It's over there. あそこにあります
111 It's time. 時間です
112 More slowly, please. もう少しゆっくりお願いします
113 Go on! 続けて
114 Let me in. 私も入れてください
115 No fooling around, please. ふざけないでください
116 Be quiet, please. 静かにしてください
117 May I use your pencil? 鉛筆を借りてもいいですか
118 Don't interrupt, please. 割り込まないでください
119 Who goes first? 誰から始めますか

120 Who's next? 次は誰ですか

121 Me neither. 私もです

122 Can I go get some water? 水を飲んできてもいいですか

123 My stomach is upset. お腹の調子が悪いです

124 I have a headache. 頭が痛いです

125 Come with me. ぼくと一緒にきて

126 Pass me the book, please. その本を取ってください

127 Here we go. ああ，ここだ

128 Let's play janken. ジャンケンをしよう

129 Leave it to me. 私にまかせて

130 I'll show you how. どうするか教えてあげるよ

131 That's all. 以上で終わります

132 Take your time. ゆっくりやってね

133 That'll do. それでいいです

134 Speak more loudly, please. もっと大きな声で話してください

135 More time, please. もう少し時間をください

136 Need any help? 手伝いましょうか

137 That's enough. もうやめてくれますか

138 Are you with us? 聞いていますか

139 Will you give us five more minutes?
あと5分，時間をもらえますか

140 We don't have much time left. あまり時間が残っていないよ

141 Pass me one more, please. もう1つ回してください

142 I left my textbook at home. 教科書を家に忘れてきました

143 I can share mine with you. ぼくのを一緒に使ってもいいよ

144 Can I use your red pen? 君の赤のペンを使ってもいいですか

145 Isn't that yours? あれは君のではありませんか

146 Stop talking, please. 話をやめてください

147 You can go first. 君から始めてもいいですよ

148 Why don't you join us? 君も一緒にやりませんか

149 Who wants to try? やってみたい人はいませんか

150 What are you looking for? 何を探しているのですか

151 I'll help you, if you want. もしよかったら手伝いますよ

152 Turn it up (loud), please. 音を大きくしてください

153 Can I answer that?　ぼくがそれに答えてもいいですか

154 Let's change roles.　役割を替えましょう

155 Bring that over here, will you?
あれをここに持ってきてくれますか

156 Could you go get the cards from Ms. Shima, please?
島さんからカードをもらってきてください

157 Can we get a piece of paper?
用紙を1枚もらってもいいですか

158 Let's exchange the worksheets.　ワークシートを交換しよう

159 Let me see your notebook.　君のノートを見せてください

160 What are you doing?　何をしているの

161 We must finish it in five minutes.
5分間（以内）で終わらせないとね

162 I'll finish this today, if possible.
もしできれば今日これを終わらせます

163 I'm going to be the chair this time.
今度はぼくがまとめ役をやります

164 It's backward.　左右反対です

165 I'm going to take notes.　私がメモ（記録）を取ります

166 Could you help me?　ちょっと手伝ってくれますか

167 Can I work with you?　一緒にやってもいいですか

168 Shall we begin?　始めましょうか

169 It's upside down, isn't it?　逆さまではないですか

170 Why don't you sit down?　座ったらどうですか

171 Can I say something?　ちょっと話をしてもいいですか

172 By the way, do you know today's date?
ところで，今日は何日だったかわかりますか

173 Who's going to be the moderator?　誰が司会をしますか

174 Attention, please!　注目してください！

175 I'm sorry to keep you waiting.　待たせてごめんなさい

176 Please remain seated.　座ったままでいてください

177 Keep your hands off from the cards, please.
カードに手を触れないでください

178 Move back a little, please.　少し後ろに下がってください

179 Let's lay the cards face up. カードを表向きに並べましょう
180 Let's talk face to face. 向かい合って話をしよう
181 You're not allowed to do that. それをしてはいけないよ
182 Let me finish, please. 最後まで聞いてください
183 Takeshi is absent because he is sick.
　　武史君は調子が悪くて欠席です
184 What a messy desk! 机が散らかっているわよ
185 Don't make me say the same thing over and over again.
　　ぼくに同じことを何度も言わせないでください
186 Be serious! まじめにやって！
187 Please put up your hand. 手をあげてください
188 Any volunteer? やってくれる人はいますか
189 Let Sachiko have a turn. 幸子に交替しましょう
190 You'll see. 今にわかりますよ

PART III 仲間と英語学習を進めるためのプレハブ表現

191 Sorry? 何ですって？
192 Once more, please. もう一度お願いします
193 What? 何ですか？
194 I can't hear you. 聞こえません
195 Repeat it again, please. もう一度繰り返してください
196 Say this, please. これを言ってみてください
197 What's this in English? これは英語で何と言いますか
198 In English? 英語では？
199 Look at this. これを見て
200 Good idea. 賛成です
201 Oh, I see. ああ，わかった
202 Good choice. いいのを選んだね
203 This is the correct card, right? これが正しいカードだよね
204 Let me see. えっと，そうですね
205 Is my answer correct? ぼく答えはあっていますか
206 Pardon me? もう一度お願いします
207 I think so, too. ぼくもそう思います

208 Do you know 'zebras'? ゼブラを知っていますか

209 What's this? これは何ですか

210 What do you call this? これを何と言いますか

211 You read English three times faster than I do.
君はぼくより3倍速く英語を読みますね

212 What can you see? 何が見えますか

213 Tell me your opinion, please.
あなたの意見を聞かせてください

214 What did you say? え，何と言いましたか

215 For example? 例えば？

216 Say this in Japanese, please.
これを日本語で言ってもらえますか

217 How do you say 'ichirinsha' in English?
一輪車を英語でどう言いますか

218 How do you spell [dʒim]{gym}? ジムはどう綴りますか

219 Let's read this aloud. 声に出してこれを読みましょう

220 I'll play Takeshi next time. 次はぼくが武史役をやろう

221 I think his answer is correct. 彼の答えは正しいと思います

222 I wonder. 果たしてどうなんだろうね

223 Can I have a look? 見せてもらっていいですか

224 I have no idea. 私にはわかりません

225 What do you think of his opinion? 彼の意見をどう思いますか

226 I agree with Arisa's opinion. 私は有理沙の意見に賛成です

227 I don't understand this part. この部分がわかりません

228 I don't understand this sentence. この文がわかりません

229 Give us a hint, please. ヒントをください

230 Do you agree with me? 私に賛成ですか

231 Is this spelling correct? この綴りはあっていますか

232 How do you say this word? この語はどう発音しますか

233 I don't think so. 私はそう思わないです

234 Why is that? それはなぜですか

235 Tell us more, please. もっと話を聞かせてください

236 I mean. いや，そうじゃなくて

237 Can I ask you a question? 質問してもいいですか

238 What is your answer to Question No. 3?
問3の答えは何ですか

239 Can I put a slash here?　ここに斜線を入れるのは可能ですか

240 This should be a capital letter.　これは大文字にすべきです

241 Let's put these cards in alphabetical order.
このカードをアルファベット順に並べましょう

242 Could you read this aloud again, please?
もう一度これを読んでもらえますか

243 What's the correct answer, then?
それじゃ，正しい答え何ですか

244 I hope so.　そうだといいけれど

245 I couldn't catch the last part.
最後の部分が聞き取れませんでした

246 Could you give me an example?　例をあげてもらえますか

247 Which word did you say?　どの単語と言いましたか

248 I don't understand what you mean.
あなたの言っていることがわかりません

249 I don't think I'm following you.
あなたの言っていることがわかりません

250 I don't know what to say.　何と言っていいのかわかりません

251 Do you mean Ken wants to go to Italy?
健はイタリアに行きたいと思っていると君は言っているのですか

252 It's a kind of fruit.　それは果物の一種です。

253 How many chunks are there in this sentence?
この文には意味の塊（チャンク）はいくつありますか

254 Look at page 55, line 6, please.
55ページの6行目を見てください

255 I'm afraid her opinion is wrong.
残念ながら彼女の考えは間違ってると思います

256 Could you tell us your opinion, please?
君の意見を聞かせてください

257 What do you mean by that?　それはどういう意味ですか

258 Do you understand what I'm saying?
私の言ってることがわかりますか

259 Can you tell me what to do next?
次に何をしたらいいか教えてくれますか

260 Could you read your summary?
君の要約を読んでくれませんか

261 Does anyone have a different opinion?
違う意見のある人はいますか

262 Why do you think he broke the pot?
彼はなぜつぼを壊したと思いますか

263 What else can you think of?　ほかに何か考えられますか

264 Could you look over my English?
ぼくの英語に目を通してもらえませんか

265 It makes no sense to me.　私には理解できません

266 That makes sense to me.　なるほど，それで合点がいきます

267 That's a good point.　それはいい点をついています

268 How do you know?　どうしてわかるのですか

269 I see what you mean.　あなたの言う意味はわかります

270 Let's find out the answers to these questions.
これらの問題の答えを見つけましょう

271 Let's share the answers to the questions on page 18.
18 ページの問題の答えを共有して確認しましょう

272 Is the correct answer of No. 4 'F'?
問 4 の答えは F でいいですか

273 Q4 was difficult, wasn't it?　問 4 は難しかったよね

274 Do you have any questions?　何か質問はありますか

275 Shall we share what we filled in the blanks?
空欄に何を入れたか確認（共有）し合いましょう

276 I'm not sure about the correct answer to Q3.
問 3 の解答はあまり自信がありません

277 What makes you think so?　どうしてそう思うのですか

278 I'll show you the evidence for that.　その根拠を示しましょう

279 I see your point.　君の言おうとしていることはわかります

280 Can you put it into Japanese?
それを日本語に訳してくれますか

281 You may be right, but …　そうかもしれないけど，でも …

282 Why don't you write a report about the history of Miyazaki?
宮崎の歴史についてレポートを書いたらどうですか

283 This 'it' refers to 'the house,' I think.
この 'it' は 'the house' を指しているとぼくは思います

284 I'm sure Tahina wants to become a teacher.
たひなが教師になりたいと思っているのは確かだと思います

285 Are you with me?　ここまではいいですか

286 Have you found the answer yet?　もう答えを見つけましたか

287 Where did you find it?　それをどこで見つけましたか

288 Can you rewrite this sentence?
この文を書き換えることができますか

289 Let's do the exercises on page 21.
21ページの練習問題をやりましょう

290 What did you choose for the keywords of this section?
このセクションのキーワードには何を選びましたか

291 How do you like Tomoe's opinion?
朋恵の意見はどう思いますか

292 Please tell me if you agree with me or not.
ぼくに賛成か反対か教えてください

293 My view is that Taro wasn't happy about Hiroko's opinion.
太郎は宏子の意見には賛成していなかったというのがぼくの考えです

294 You mean she's never seen fireworks?
つまり彼女は花火を見たことがないということですか

295 Let's put these sentences in the proper order.
この文を適切な順に並べましょう

296 Something like that.　そんな感じです

297 Could you explain it in more detail?
それをもっと詳しく説明してくれませんか

298 I may be wrong, but this 'that' refers to this sentence.
間違っているかもしれないけど，この 'that' はこの文を指していると思います

299 Could you give me a word of similar meaning?
似た意味の語をあげてくれませんか

300 Don't you think 'peace' is the most important word for this story?

'peace' は，この物語で一番重要な語だと思わないですか

301 The point is we should do 4Rs to save the earth.

要するに，地球を守るためには 4 つの R を実行すべきということです

302 Are you saying Toru doesn't want to go there with his father?

徹はお父さんと一緒にはそこに行きたくないと思っていると言うのですか

303 By the way, do we have to finish this by 10:30?

ところで話は変わるけど，10:30 までにこれを仕上げなければならないですか

304 Let's get back to the point.　話をもとに戻しましょう

305 When it comes to sumo, Haruka knows quite a lot about it.

相撲のことなら，春香は相当詳しいよ

306 I remember you told me you went to Tokyo during the summer vacation.

夏休みに東京に行ったと君が話してくれたことを覚えています

307 What does the speaker mean by this sentence?

この文で話者が伝えたいことは何ですか

308 Could you show us how we use this word in a sentence?

この語を文中でどう使うか教えてくれませんか

309 To sum up, Tadashi wants to say that he is worried about the exam result.

まとめると，忠志が言いたいのは，自分のテスト結果を気にしているということだよ

310 What would you do if you were the man?

もし君がその男の人だったらどうしますか

311 Let me say it in a different way.

別の角度から言わせてください

312 Do I understand you correctly?

私の理解で間違いありませんか

313 Have you learned the passage by heart?

その文章を暗記しましたか

314 Is there anything wrong with my reading?
私の読みで間違ったところはありますか

315 That's a good question, but we need to stay on topic.
それはいい質問ですね，でも本題からそれないようにする必要があ
ります

316 Let's read the text aloud sentence by sentence by taking
turns.
文ごとに交替して本文を音読しましょう

317 If I understand you correctly, you're saying that different cul-
tures influence each other.
正しく理解しているとすれば，あなたが言っているのは，異文化は
お互いに影響し合っている，ということですね

村端　五郎　（むらはた　ごろう）

高知大学名誉教授，宮崎大学教授。

北海道生まれ。兵庫教育大学大学院修了（教育学修士）。公立中学高等学校教諭，北海道教育大学（岩見沢校助教授），高知大学（人文学部教授），武庫川女子大学（文学部教授・アメリカ分校 MFWI（ワシントン州・スポケーン市）執行副学長）を経て現職。

専門は，応用言語学，英語教育学。著書に，『幼小中の連携で楽しい英語の文字学習』（編著，明治図書），『オーラル・コミュニケーション：考え方と進め方』（共訳，大修館書店），『スピーキングの指導とテスト：実践ハンドブック』（共訳，桐原書店），『タスクが開く新しい英語教育』（共訳，開隆堂），『英語授業実例事典』『英語授業実例事典 II』（共著，大修館書店），"Research questions and methodology of multi-competence"（第 2 章担当，共著，*The Cambridge Handbook of Linguistic Multi-competence*, Cambridge University Press），『第 2 言語ユーザのことばと心』（共著，開拓社），『英語教育のパラダイムシフト』（松柏社）など。

これで会話のテンポが激変！
すらすら話せる英語プレハブ表現 317　　＜一歩進める 英語　　学習・研究ブックス＞

2020 年 5 月 30 日　第 1 版第 1 刷発行

著作者　　村 端 五 郎
発行者　　武 村 哲 司
印刷所　　日之出印刷株式会社

発行所　　株式会社　開 拓 社

〒113-0023 東京都文京区向丘 1-5-2
電話　（03）5842-8900（代表）
振替　00160-8-39587
http://www.kaitakusha.co.jp